OUTLINES OF ENGLISH INDUSTRIAL HISTORY

英国工业史纲

〔英〕威廉·坎宁安 〔英〕艾伦·安妮特·麦克阿瑟 著 张杰 译

金城出版社
GOLD WALL PRESS
·北京·

图书在版编目（CIP）数据

英国工业史纲 / (英) 威廉 · 坎宁安, (英) 艾伦 · 安妮特 · 麦克阿瑟著 ; 张杰译. — 北京 : 金城出版社有限公司, 2022.7

（金犀牛文库）

书名原文: OUTLINES OF ENGLISH INDUSTRIAL HISTORY

ISBN 978-7-5155-2330-9

Ⅰ. ①英… Ⅱ. ①威… ②艾… ③张… Ⅲ. ①工业史—英国 Ⅳ. ①F456.19

中国版本图书馆CIP数据核字(2022)第020052号

英国工业史纲

作　　者 [英]威廉 · 坎宁安　[英]艾伦 · 安妮特 · 麦克阿瑟
译　　者 张　杰
责任编辑 杨　超
责任校对 欧阳云
开　　本 710毫米 × 1000毫米　1 / 16
印　　张 17.75
字　　数 228千字
版　　次 2022年7月第1版
印　　次 2022年7月第1次印刷
印　　刷 北京兰星球彩色印刷有限公司
书　　号 ISBN 978-7-5155-2330-9
定　　价 89.00元

出版发行 金城出版社有限公司　北京市朝阳区利泽东二路3号
邮政编编：100102
发 行 部 （010）84254364
编 辑 部 （010）64214534
总 编 室 （010）64228516
网　　址 http://www.jccb.com.cn
电子邮箱 jinchengchuban@163.com
法律顾问 北京市安理律师事务所　（电话）18911105819

前 言

本书是剑桥历史系列丛书的一部分。与该系列丛书的其他著作一样，本书是为迫切想要了解现今[1]英国政治状况的人准备的。不过，本书又不同于剑桥历史系列丛书的其他著作，因为它把注意力集中在英国的而不是欧洲的历史上，它从特殊的角度，描述了很长一段时间内英国工业的发展过程。学习和研究英国工业史的学生可以从剑桥大学出版社出版的《英国工商业的发展》的大型著作中获得相关资料。因此，我们没有必要提供关于英国工业史这一广泛主题的任何参考书目。

到目前为止，还没有人试图借助地图来描述英国的工业和贸易状况。根据格雷厄姆·沃拉斯先生的建议，在本书中，我们增加了描述英国工业和贸易发展状况的年表。在此，对其表示衷心的感谢。在年表中，我们希望通过补充一些关于英国工业和贸易发展状况的说明，来展示英国工业在不同时间段的发展进程，使读者对英国工业发展进程有大致了解。

① 指19世纪末至20世纪初。后同。——译者注

虽然在总编罗兰·埃蒙德·普罗瑟罗博士着手出版剑桥历史系列丛书之前，本书就已开始撰写，但我们仍需衷心感谢他在编辑出版过程中提出的许多建议。

威廉·坎宁安

艾伦·安妮特·麦克阿瑟

1894年11月

第三版前言

为了使本书与1903年最新版的《英国工商业大全》所载信息完全一致，书中所有表格都经过了仔细核对和修改。

威廉•坎宁安

艾伦•安妮特•麦克阿瑟

1903年12月

说明

在本版中，本书的内容和参考书目已尽可能地进行了修订和更新。

威廉·坎宁安

艾伦·安妮特·麦克阿瑟

1910年2月

引 言

1●工业史的范围 英国工业史是一个很大的主题，它涉及一个大国的物质生活发展。英国农业是世界上最具活力的农业之一，培育了品种繁多的羊、牛、马，还制造了许多精巧的工具。在纺织面料和五金器具方面，英国的制造技术在全世界享有盛誉。英国的船穿越遥远的海洋，为许多邻国进行转口贸易。英国所有重要发展都源自早期历史，但我们很难追溯其原始的农业、工业和贸易是如何逐步发展到现在的规模的源头。

工业史只涉及英国国民生活的一个方面，但它是国民生活中最重要的主题。世界上，一个人或一个国家如果忽视或遗忘物质需求，必然会遭受惩罚。不管一个人的理想有多崇高，他如果想拥有健康的身体和强大的力量，并且能够致力于智力发展和艺术追求，首先就必须拥有食物。一个国家如果想成为其他国家眼中的强国，并且在世界上真正发挥影响力，物质繁荣是必不可少的。物质繁荣本身并不是目的，并且它已被个人和国家滥用。尽管如此，物质繁荣还是值得拥有的，因为它为个人提供了过上丰足的、有社会影响力的生活的机会。物质繁荣本身并不重要，但它是建立强大国家的条件。没有物质繁荣，国家就不可能变强大。因此，关于英国物质进步的故事为我们提供了一种审视英国人在过去和现在享有的机会的方法，并且认识到英国作为一个国家应承担的责任。

2●人的生活环境 工业史的相关主题是广泛的、复杂的。在一卷《史纲》中，工业史的任何一部分内容都不可能得到完整论述，并且有些话题很难谈及。因此，较好的做法是，我们预先告知读者本书采用的处理主题的方法。前几章（6—22节）中，本书关注物质进步涉及的两个方面的要素。一方面，物质进步需要人类的技能和活力，另一方面，人类需要根据适当的自然条件合理运用自身掌握的力量。我们必须考虑到人的因素——活跃的劳动者，以及人的生活环境——劳动者进行劳动时从事和依赖的环境。在追溯英国物质进步的发展过程中，我们必须回到英国现在的种族刚移居到不列颠的时期，并且关注从那时开始带入不列颠的不同要素。令人好奇的是，英国的种族在多久、多有效地得到新鲜血液和外国因素的补充。（第1章）

我们还需把关注点放到不列颠的环境上。许多种族融合在一起，生活在共同的环境中，并且在劳动时依赖于共同的环境。气候和土壤与农业发展有很大关系。便捷的内部交通和丰富的矿产品是英国工业进步的重要因素，而英国的海上地位和海岸线的特点有利于其发展成为海上强国。（第2章）在工业发展的每一个步骤中，人类的活力和物质条件是相互配合的。正是通过二者的共同努力，人类才取得工业发展的整体成就。

3●社会组织与个人 然而，以上提到的因素并不是随意和盲目地发挥作用。工业发展是人类有意识和深思熟虑的活动。人类为自己设定了不同目标，有时实现目标的有利条件在不远的将来会出现，有时则是人类通过深谋远虑的方案创造出实现目标的有利条件。面对不同目标，人类认真地将技能应用到现有条件上。许多方案都涉及共同的组织活动，这些活动不能由单独的个人完成。我们如果要探究清楚这些有意识的组织活动，就必须试图了解过去为实现经济目的而建立的不同形式的社会组织。为了解社会组织更早的历史，为理解现今时代幸存下来的远古或中世纪制度的优点，我们必须抛弃许多日常的思维习惯，把现今通常做出的假设扔在一边。直到最近，英国才完全实现经济的统一，或者说劳动力和资本有可能在全国各地自由流动。在原始社会，个人不可能自由经营某项事务并在市场上自由竞争，而在缺少有影响力的中央政府的情况下，国家同样无法干预经济。几个世纪以来，每个小村庄几乎都是一个可以成功满足自己需求的孤立群体，每个村庄很少或只是偶尔与其他地方交流。在第3章考察庄园历史时，我们看到，13世纪谨慎的人的理想是使自己的财产能自给自足，从而使自己的庄园与王国的其他地方分离开来。在发展过程中（第4章），英国城镇采取了类似政策。在此情况下，我们很难将英国视为统一的经济体来描述工业发展具备的条件或工业发展进程。到英格兰国王理查二世统治时期，英国国民的经济生活已取得很大进展（第5章）。至此，我们才可以将英国作为统一的经济体来描述其工业的发展进程，并且从不同角度描绘它工业后续发展的轮廓。

14世纪及更早几个世纪里，我们主要研究不同庄园或城镇的状况或发展。当时，每个庄园或城镇在经济上与其他庄园或城镇截然不同。14世纪初，作为地方组织，庄园或城镇在经济上的重要性开始下降，它们已不再在英国经济中占主导地位。理查二世统治时期，我们可以观察到国家组织逐渐发展起来，并且有效地控制了全国工业的多方面发展（第6章）。英格兰女王伊丽莎白一世统治时期，英国工业发展的过渡时期结束了。英国制订了规范放牧、耕作和工商业的法律和制度，并且在认真考虑后执行了明确的经济政策方案。为适应不断变化的环境，英国修订了制订的经济政策方案，但它试图维持经济政策方案的努力最终被证明是行不通的。亚当·斯密的研究表明，为维护国家利益而进行工业管制的努力不再有利于工业发展。19世纪上半叶，英国政府经过慎重考虑后放弃了这种努力。

4●变化的方向 描述英国曾存在的组织类型，有助于揭示不同时期的社会经济结构。我们还应关注各个经济部门发生变化的方向和性质。本书第7章到第9章的内容涉及货币使用和金融、农业和制造业的变化。工业史中，货币和交换媒介的主题占据了最重要的位置，并且由于十分简单的原因在工业发展过程中起主导作用。英国经济变化的整体过程可以用一句最简单的话来概括：货币的使用和议价逐渐渗透到生活的各个方面，并且在货币的影响下，生活的各个方面都得到了再造。自然经济向货币经济转变主要体现在国家事务上，但日益盛行的货币议价是推动传统价格向竞争性价格转变最有力的因素。本书首先介绍了资本家的牧场经营，接着介绍了资本主义耕作（第8章）；资本对工业的干预使更精细的劳动分工成为可能，并且为工业革命开辟了道路（第9章）。在第10章中，本书试图说明以商业交易自由为代表的货币经济是如何对社会制度产生影响，并且引发现今令人焦虑的问题的。

5●现在与过去 英国工业发展的故事充满了趣味性，但有一个地方需要进行特别说明。这些故事提供了一些线索，帮我们解开了现今面临的许多奇怪的难题。现今社会是以前时代不断发展形成的产物。它存在许多不好的地方，以及许多美好的事物，这些都是我们祖先的遗产。因此，我们如果想要了解目前情况是如何形成的，就不得不研究过去。我们如果要找出那些构成自己赖以生存的经济体制的各种因素，可能常常要追溯到很久以前。编写本书时，通过对过去的研究，我们在某种程度上解释了现今经济体制的起源。这是本书的目标。工业发展的故事一直在延续，在现今时代的工业发展中，一些潜在的重大问题依然存在。偶尔，人们会大胆地对有争议的问题发表观点，以表明过去的经验与展现在我们面前的斗争有密切的联系。不管有争议问题的观点在未来能否得到证实，这些观点至少可以说明，根据过去时代的经验来看待我们面临的新困难的重要性。我们可以明白新问题是如何产生的，为什么会遇到类似困难，同时可以避免尝试在过去已被证明是行不通的方法带来的失望。

然而，有些读者不会只满足于对过去的简要概述，他们希望了解过去，感受过去的魅力，从而更充分地了解以前工业的发展状况。希望了解英国工业过去的人可以很容易获得许多与英国工业有关的书籍，可以在获得的书籍中找到本

威廉·阿什利

书谈及的每一个主题的补充信息。威廉·阿什利教授所著《经济史》中最有趣的章节是关于中世纪的。作为当代作家的作品，《公共福利对话集》生动地描绘了都铎王朝统治时期英国工业的转型，具有特殊意义。罗兰·埃蒙德·普罗瑟罗的《英格兰农业的开拓与发展》，以及西德尼·韦伯和妻子比阿特丽斯·韦伯的《工联主义的历史》涉及近代乡村和制造业历史的各个方面。

另外一些人也许希望了解本书中各种观点的依据，而不是扩展对某些特定问题的阅读。书中很少提及权威研究，因为任何人都可以很容易通过《英国工商业的发展》中提及的相同主题来找到权威研究。《英国工商业的发展》比本书包含的信息量更大，在许多方面提供了更全面的信息，并且在任何情况下，它可以作为那些渴望得到坚实理论依据的人的指南，使他们的知识建立在对原始权威资料的研究上。

目 录

第 1 章

移民迁移到不列颠

6●征服不列颠 英国历史可以说始于449年日耳曼人入侵罗马帝国的不列颠省。日耳曼人的征服进展很缓慢，经过近一百三十年，他们才完成对不列颠中西部的征服。在某种程度上，英国的国土有了明确的、固定的疆界。被罗马人同化的不列颠人，或者说威尔士人，被限制生活在威尔士和康沃尔，或者被驱赶到不列颠的北部。与欧洲部分地区一样，日耳曼人在多大程度上征服了不列颠，或者说罗马文明的元素在日耳曼人入侵时幸存了多久，是很重要的问题。尽管日耳曼人入侵不列颠后采用的新语言包含一些新名称和新术语，不列颠原来居民的一些习俗仍存在于新社会秩序中，作为社会基础继续存在，但从语言、宗教和法律中得到的证据表明，不列颠几乎没有任何罗马文明幸存下来。这一结论得到了其他证据证实。考古证据表明，在不列颠，罗马人建立的城镇要么被遗弃了，要么被摧毁了。在非常多的土地被摧毁的情况下，罗马人建立的乡村农业似乎不太可能延续下来。我们没有足够证据证明罗马人的村庄是英国村庄的起源。或者说，没有足够证据证明罗马人统治时期及随后的各个时期，英国乡村生活是一脉相承的。

总体来说，日耳曼人已征服不列颠。不列颠文明的基础可以说是日耳曼文明。日耳曼人吸收了一些不列颠早期文明元素，但吸收的非常少。在迪恩森林和德比山顶附近，原来的居民很可能在日耳曼人统治下继续追求他们的爱好。许多家庭可能拥有家奴。原来的居民保留了一些古老的艺术、语言和宗教传统，但这些被保留的传统相对较少，对不断增加的、新移居到不列颠的人几乎没有影响。

然而，不知我们是否记得，在不列颠遭受日耳曼人入侵前，不列颠的社会结构就已四分五裂。因此，不列颠完成从不列颠省文明到不列颠部落的简单生活的转变，似乎并不那么令人惊讶。此外，日耳曼人的征服进展非常缓慢，导致罗马化的不列颠人能在对手面前从容撤退，从而避免了被迫选择屈从于奴役或死亡。

7●罗马传教士　定居到不列颠的日耳曼人尽管没有从不列颠人的先辈那里吸收文明，但并没有长时间不受外界影响。被驱赶到不列颠西部的基督教徒对日耳曼人不予理睬。不过，不列颠北部高隆庞修道院和罗马主教的传教热情很快就对

日耳曼人

迁移到不列颠的、野蛮的日耳曼人产生了影响。这是宗教进步与经济进步紧密联系最突出的例子之一。向野蛮的日耳曼人传教，是一项危险的宗教任务，是经过深思熟虑后才开始的，有着重要的经济目的和其他目的。在改信基督教时，英格兰虽然在地理位置上与世隔绝，但已与外界建立起联系。修道院不仅是宗教中心，还是学术中心。在基督教教会的影响下，罗马帝国后期引入的法律概念影响了交易契约和规则。基督教徒与罗马的频繁交流与贸易机会结合在一起，为提高人们的生活水平做出了贡献。那些自罗马人占领不列颠时期幸存下来的遗迹被用于更好的目的；罗马人修建的城墙和城镇在被摧毁后，为建筑提供了材料；罗马人修建的军用道路和桥梁可用于内部运输。在基督教的影响下，英格兰的部落在英格兰国王的管理下变得更加团结，从而有可能与更文明的邻居进行频繁的友好交流。

8●丹麦人与诺曼人 英格兰人遭到起源于同种族的人——丹麦人和诺曼人的攻击。对英格兰人来说，这一事件产生的影响在性质上与宗教影响有很大不同。一开始，英格兰人的生活安顿了下来，但新的组织结构似乎使他们无法拥有祖先征服的土地。作为掠夺者，诺曼人破坏了英格兰。英格兰沿岸区域没有丝毫防御能力，因为英格兰人似乎已失去过去掌握的航海技术。诺曼人甚至可以沿着河流航行，掠夺英格兰的中心地带。在871年到899年在位的韦塞克斯王国国王阿尔弗雷德大帝的领导下，英格兰人团结起来。经过艰苦战斗，英格兰人与丹麦人达成和平协议。有近一半的英格兰领土被丹麦人占领，因此，这近一半的土地是根据丹麦人的法律而非英格兰人的法律进行管理。

很快，和平带来了现实中的种族融合。从丹麦人和英格兰人融合这一新因素中，英格兰很明显得到了许多好处。英格兰人满足于乡村生活，他们很少被罗马人建造的城镇吸引，也不热衷商业活动或制造用于销售的商品。丹麦人虽然在种族起源上与英格兰人非常接近，但似乎是另一类型的种族。丹麦人是著名的商人，也是杰出的海员。从丹麦人到冰岛、格陵兰岛和美洲的航海记录中，从丹麦人到白海和波罗的海的探险记录中，从丹麦人与遥远的克里米亚和阿拉伯等地的贸易往来中，我们可以了解到他们的非凡能力。在英格兰，丹麦人建立的定居点是最早表现出商业活跃迹象的城镇之一。丹麦人不仅是商人，他们还擅长金属加工和其他工业活动。英格兰在世界航运中扮演了重要角色，并且赢得了世界制造业霸主的地位，它在生活中最成功的方面，似乎都要感谢来自丹麦的移民和后续征服者注入的活力和进取心。在罗马传教士的努力下，英格兰受到了罗马文明的影响。同时，由于丹麦人迁移到英格兰，为英格兰的文明带来了新元素，英格兰与欧洲北方最有活力的种族建立起了紧密联系。

9●诺曼士兵与移民 下一批大规模移民到英格兰的是与丹麦人关系密切的诺曼人。当时，在英吉利海峡南边，诺曼人已定居一段时间。随着英格兰国王忏悔者爱德华的即位，诺曼人带来的影响开始在英格兰显现出来。在英格兰宫廷中，诺曼人的服装风格盛行。虽然英格兰的土地上已定居大量诺曼人或来自勃艮第的工匠，但在英格兰国王威廉一世①即位后，移民到英格兰的诺曼人或勃艮第的工匠的规模似乎更大了。《末日审判书》②显示，在英格兰，欧洲大陆贵族拥有许多土地，他们雇用了很多追随者在自己的家中或土地上工作。我们了解到，在佛兰德斯的玛蒂尔达③到达英格兰后，英格兰吸引了许多佛兰芒人④的到来。在诺曼人统治的土地上，许多佛兰芒人定居下来。

外国工匠的进入尽管对英格兰工业发展很重要，但并不是诺曼征服⑤带来的最显著的经济结果之一。在欧洲大陆，英格兰国王拥有非常广阔的领地，英格兰只是他拥有的领地的一部分。英格兰的命运与欧洲政治有千丝万缕的联系，

① 在成为英格兰国王前，威廉一世为诺曼底公爵。——译者注

② 《末日审判书》正式名称为《土地赋税调查书》，是威廉一世下令进行的英格兰各地土地调查情况的汇编。——译者注

③ 佛兰德斯的玛蒂尔达为佛兰德斯伯爵鲍德温五世的女儿、威廉一世的王后。——译者注

④ 佛兰德斯当地居民被称为佛兰芒人。——译者注

⑤ 1066年，诺曼底公爵威廉入侵英格兰，并且打败英格兰国王哈罗德二世。诺曼底公爵威廉成为英格兰国王威廉一世。——译者注

即便在丢失安茹和诺曼底后[①]，英格兰又恢复了自己孤立的特点，但它仍是欧洲政治体系的一部分。在关于教会管理和教会税收的许多事务上，英格兰教会的做法与罗马教会的做法更加一致。在英格兰，人们可以领略欧洲的知识，感受欧洲宗教信仰的变化。欧洲各国虽然发展速度有很大差异，但经济发展过程在许多方面相似。宗教秩序的兴起、十字军东征的影响、城镇的发展、瘟疫的破坏、学术的复兴、新大陆的发现、民族的发展等一系列事件影响了基督教世界，并且在许多国家引发了类似的经济增长或经济衰退。正是由于诺曼征服，英格兰首次融入了信奉基督教的欧洲国家的生活。

10●不列颠新生民族的巩固 诺曼王朝和金雀花王朝统治的前两个世纪很重要，因为此时英格兰与其他基督教国家建立了新的关系，并且英格兰王国内部发生了巨大变化。在英格兰国王爱德华一世即位前，1066年发生的黑斯廷斯战役实际上已经使英格兰人和来自丹麦的移民融合在一起，形成了一个新的民族。融合在一起的、新的民族有共同的制度；有国家不同地区和不同社会阶层的代表组成的议会，议会明确规定了国家生活和发展的大致路线。民族活力的加强与城镇活力的加强相辅相成。12世纪到13世纪，议会使英格兰不同城镇中并存的各种因素结合在一起，使城镇原来存在的内部猜忌让位给了受欢迎的地方自治政府。

11●爱德华三世时代、伊丽莎白一世时代及以后时代织布工的涌入 在爱德华一世的领导下，英格兰的国家和城镇建立起了系统的管理制度和管理机构。在建立系统的管理制度和管理机构后，英格兰再未遭到大规模的外国征服者入侵，或者说不再有外国人以征服者的姿态出现在英格兰人面前。尽管如此，外国移民还是持续不断迁入英格兰。明确的政治原因或经济原因吸引外国移民移居英格兰。虽然外国移民的到来与英格兰政府是否欢迎无关，但英格兰政府有时仍非常欢迎他们的到来，认为他们的到来有助于英格兰经济的发展。

---

① 无地王约翰原来拥有安茹和诺曼底。1204年，法兰西国王腓力二世派军队占领了诺曼底。1206年，英格兰在与法兰西的战争中失败了，失去了安茹。——译者注

爱德华三世

（a）第一批移民是受英格兰国王爱德华三世邀请而来的佛兰芒人。英格兰是羊毛生产国，为佛兰德斯的布料制造商提供原材料。这使英格兰很早就与低地国家建立了密切联系。在所有政治活动中，爱德华三世都敏锐意识到了商业因素。他已经看到，将制造业从佛兰德斯搬到英格兰是有可能的，并且有利可图，而佛兰德斯的动乱使当地的许多工匠愿意来到英格兰。12世纪到13世纪，英格兰有规模较大的纺织业，但由于新移民的到来，贸易得到了推动并迅速增长。因此，英格兰的羊毛加工业后来很大部分被保留在国内完成。

（b）我们有理由相信，15世纪末，有一大批意大利人和其他外国人加入英格兰国籍。不过，下一批大规模移民发生在宗教改革时期。英格兰国王爱德华六世统治时期，在格拉斯顿伯里，一些外国新教徒建立了定居点。虽然在爱德华六世统治时期，英格兰不再是外国新教徒的避难所，但在伊丽莎白一世统治时期，仍有很多外国新教徒来到英格兰。外国新教徒主要定居在科尔切斯特、诺里奇和肯特。作为阿尔瓦公爵费尔南多·阿尔瓦雷斯·德·托莱多的受害者，外国新教

阿尔瓦公爵费尔南多·阿尔瓦雷斯·德·托莱多

徒受到了英格兰政府的热烈欢迎。在允许外国新教徒定居的城镇中，在外国新教徒与技能较差的本地工人进行激烈竞争的地方，人们对外国新教徒存在与英格兰政府不同的看法。然而，外国新教徒对定居地贸易的影响很快就被发现是非常有益的，缓解了最初人们对新来者的忧虑。

(c)1685年《南特敕令》被废除引发了来自法兰西的大规模移民浪潮。法兰西南方的许多丝绸工人和北方的亚麻织布工都是胡格诺派教徒，而英格兰民众出于对胡格诺派教徒被驱逐出境的愤慨，热烈欢迎他们移居英格兰。丝绸工人主要定居在斯皮塔菲尔德、考文垂和麦克尔斯菲尔德。丝绸工人从事的职业在英格兰鲜为人知，因此，并没有引起当地人太多的妒忌。在英格兰，法兰西亚麻

废除《南特敕令》

织布工的分布范围很广，他们发现当地的竞争者很少。1709年，移民中，亚麻织布工的人数有所增加。当时，许多来自普法尔茨的家庭来到英格兰。其中，一些家庭处境非常艰难。来自外国的、穷困潦倒的移民中，有一部分人定居在英格兰适合居住的地方，而另一部分人作为亚麻织布工分布在大不列颠及北爱尔兰联合王国最容易获得亚麻的两个地区——爱尔兰和苏格兰。

12●移民对工业的影响 显然，英格兰文明从不同时期吸收的外来因素中获得了许多好处。在性情和品格上，英格兰人都有所改进。作为一个混合种族，英格兰人善于利用新机会和新的自然条件，并且提高了自己的手工技能。机器制造时代到来以前，英格兰制造业的成功主要是因为英格兰工匠拥有熟练的手工技能。他们拥有的熟练的手工技能主要是通过承袭其他地方工匠的手工技能获得的。爱德华三世无论多么急切地想要提高英格兰的工艺水平，也只有通过引进更熟练的工人才能做到。

随着连续不断的移民潮，英格兰出现了一些贸易。或者说，英格兰贸易的发展速度非常快，导致它看起来像是一个新事物。爱德华三世统治初期，英格兰就开始制造粗布，也就是我们所知的“旧布料”。在伊丽莎白一世统治时期，我们发现英格兰引进了“新布料”——哔叽和其他轻质织物，或者像府绸一样的混合织物。17世纪，丝绸贸易和亚麻贸易有了新发展。纺织行业提供了大量就业机会，并且产生了复杂的组织机构。英格兰还有许多规模较小的制造业，如造纸业和陶器制造业，以及由佛兰芒人和胡格诺派难民引进的改进的餐具制造业。因此，毫不夸张地说，在不止一个部门，外国移民奠定了英格兰工业的重要基础。

我们也有理由相信，对英格兰的工业机构，外国移民产生了重要影响。在丹麦人定居的城镇，由于有数量众多的工匠，英格兰才出现了市政自治的最初萌芽。诺曼征服后不久，英格兰制造了其历史上最早的镀金工艺品。镀金工艺品以不同的形式存在，在几个世纪里，它都是工业史上的权威作品。银行业和保险业的萌芽源于定居在英格兰的意大利商人。我们如果关注了其他领域，就会发现，

17世纪英格兰对荷兰人的有意或蓄意模仿影响了英格兰的金融业；荷兰的工程师和排水工人在将沼泽恢复成耕地的过程中发挥了巨大作用。如果说英格兰在工业上取得了至高无上的地位，那么在某种程度上说，是因为它成功吸引了邻国人口中最有活力、最具进取精神、技能最高超的那部分人。

第 2 章

自然条件

13●自然资源的特征 描述地球上任何一个地方的自然特征，特别是像英格兰这样的小岛的自然特征似乎很容易，但事实上要精确指出英格兰的自然特征并不容易。自然优势的确切经济价值取决于特定国家的居民技能和活力。自然资源的利用与人类的能力有关。一个地方可能存在很多毫无价值的矿产资源，这些矿产资源要么从未被发现，要么当地居民没有开采矿藏后的冶炼技术。同样，良好的港口或肥沃的土地会被闲置。因为拥有这些港口和土地的种族没有通过它们去获利。英格兰幸运的地方在于，它的不同征服者和定居者，以及不同时期给征服者和定居者带来活力的移民，把各种不同的、新的技能结合在一起，并且结合在一起的技能在英格兰的自然条件中找到了新优势。自然条件为那些能够利用它的人提供了机会。对没有技能和耐心去克服障碍的人来说，自然障碍只是障碍。在英格兰，与其说自然条件激发了英格兰文明的原始活力或为英格兰文明增添了新的动力，不如说自然条件影响了英格兰文明的发展路线。

14●锡、铅、煤、铁等矿产资源 早在英格兰殖民时期以前，腓尼基人或迦太基人就以商人的身份来到英格兰的锡利群岛和康沃尔采购锡。锡是英格兰所有矿产品中最早用于贸易的产品。在整个中世纪，锡和铅都是英格兰出口贸易的主要产品之一。最早在德比开展贸易的是罗马人。在英格兰人入侵德比以前，罗马人就在迪恩森林进行铁矿的开采和冶炼，并且在整个征服时期他们一直利用矿产开采技术和冶炼技术采矿。

对英格兰贸易来说，比开采任何金属矿产都重要的事情是人们在英格兰许多地区发现了大型煤田。在哈德良长城沿线的兵营里，罗马人用煤作为燃料，但诺森伯兰和达勒姆的煤矿似乎已被人遗忘。开采煤的地方距离海岸很近，运输方便。16世纪到17世纪，煤成为伦敦的燃料来源。18世纪，高炉的发明使采用煤作为燃料来冶炼铁成为可能，导致了煤和铁的贸易的巨大扩张。与此同时，蒸汽动力首次被用于工业。在机器制造和航运方面，拥有大量的煤炭供应使英格兰有机会处于领先地位。

15●耕作和林业的适宜性 虽然矿产品对英格兰的繁荣很重要，但英格兰的繁荣在很大程度上要归功于农作物。不列颠曾是罗马帝国一个富饶的省，是其粮仓之一。英格兰的农业技术一度发展缓慢，土壤产出耗竭。然而，随着时代的发展，英格兰农民的技能水平总体上不断提高。现在每英亩农作物的产量可能比过去任何时候都要多。英格兰到处有土地失去生产能力。不过，通过筑堤防护和沼泽排水，英格兰的耕地面积得以大量增长。此外，19世纪完善的排水系统大大增加了土地设施的运转效益。

现在，英格兰耕种的土地大部分曾经是森林。森林具有很高的经济价值，它提供了一种比煤更容易开采、更容易燃烧的燃料。在英格兰许多地方，在运河的建设使大部分地区可以使用英格兰中部煤田开采的煤作为燃料前，木材是人们唯一可获得的燃料。森林还为很快就消失的老式房屋和船的建造提供了丰富的材料。尽管人们已找到各种各样的替代品来代替木材，但令人遗憾的是，木材仍被肆意地消耗。造成木材大量浪费的主要责任可能在于17世纪到18世纪的钢铁制造商。土壤产出耗竭是一种不幸，但在较短的时间内可以恢复，而木材遭到浪费和森林遭到破坏后不能快速得到恢复。

16●牧羊业的发展 在诺曼征服以前，英格兰就是重要的羊毛生产国，但直到12

威廉一世

世纪，英格兰的牧羊业才变得重要起来。牧羊业主要集中在英格兰北部。自1069年威廉一世破坏英格兰的土地以来，英格兰北部就无人居住，可以放养大型羊群获取利润。12世纪，西多会为英格兰北部的牧羊人修建了许多房屋，使他们能专注羊毛生产。来自卢卡和其他意大利城镇，以及低地国家的商人很快就开始贩卖羊毛。牧羊业持续发展。16世纪，羊毛的价格非常高。英格兰以牺牲耕作为代价换取牧羊业的迅速发展。随着加工技术的发展，英格兰进入很少出口未经加工处理的羊毛的时期。很早的时候，英格兰的羊毛就受到各地商人的喜爱。高品质的羊毛使英格兰在世界服装贸易的某些分支行业中获得了实际垄断地位。对英格兰来说，羊毛非常重要，甚至超过了英格兰通过培育和饲养牲畜从牧场获得的巨大好处。牲畜是重要的食物来源，能够用于船上的食品供应。除了羊毛贸易，皮革贸易自中世纪起一直是促使英格兰经济繁荣的重要因素。爱德华三世统治时期，兽皮、羊毛、羊皮革和铅是英格兰的主要贸易商品，但在他统治以前，牧羊业为英格兰的财富做出了贡献，因为黄油和奶酪似乎是诺曼征服后不久英格兰用于出口的主要商品。

17●渔业和航海技术 从某些方面来说，海洋的收获甚至比土地的产出更重要。英格兰海岸区域渔业资源丰富，并且诺福克海岸的鲱鱼渔业具有特殊价值。早期，捕捞鲱鱼的船队来到雅茅斯的海边。作为渔业的附属品，雅茅斯发展起来。都铎王朝时期，英格兰大力发展航运业的同时，特别重视渔业的发展，并且将渔业作为培训海员的“学校”。通过发展渔业培养出来的才能无疑是为探索遥远的海域服务的，这也许有助于解释英格兰为什么一开始就在纽芬兰附近的捕鱼船队中获得了公认的优势。

18●道路、河流与运河 英格兰在工业上拥有多种优势，在商业上也存在天然的便利设施。英格兰早期的国家财富集中在没有大山也没有严重交通障碍的南部、东部和中部。因此，修建道路的难度并不是很大。英格兰的主要交通道路是罗马人修建的，是英格兰从属于罗马帝国的不列颠省继承的遗产中最重要的一部分。道路和桥梁的维护，是封建时代所有庄园领主必须承担的重要的义务之一，即使是享有最多特权的庄园领主也不能免除这一义务。不过，很多道路和桥梁的修筑是由修道院和个人出于虔诚的信仰行为来完成的。15世纪，许多地方的道路状况甚至比15世纪以前更糟。据我们判断，18世纪以前，英格兰政府尽管偶尔也会在道路的修筑方面做一些努力。不过，道路状况几乎没有什么改善。直到18世纪，英格兰政府才开始认真修筑道路。1741年，英格兰政府通过了《全面公路法案》。《全面公路法案》的成功实施，使乔治三世统治的前二十年，英格兰内部不同地区间的交通状况有了显著改善，无论天气好坏，人们可以比以前更便捷地从一个地区到达另一个地区。乔治三世统治时期，道路建设取得的进展得到了保持。1816年，约翰·劳登·麦克亚当发明了碎石路面。在托马斯·特尔福德及其他工程师的指导下，英格兰的道路达到了卓越的标准。

英格兰的自然条件使修路相对容易，也使河流具有自身特色。英格兰的河流不是急流，而是沿着平原或宽阔的山谷流向大海的缓流。在英格兰的河流中，许多具有潮汐，它们可以流到内陆，为远航船提供足够的水深，并且减少了使船逆流而上所需的动力。水上交通为运送重型货物提供了便利的通道。英格兰的

约翰·劳登·麦克亚当

许多大型集市，如斯陶尔布里奇集市和圣艾夫斯集市，都位于便利的水上通道附近。

17世纪，尤其是斯图亚特王朝王政复辟之后，英格兰与荷兰的商业往来使英格兰人把注意力转向改善英格兰的水上通道。不过，直到一百年后，英格兰人才做了大量工作来改善河道，或者说将河流作为运河的供水源头。不管怎样，曼彻斯特和沃斯利之间运河的成功开通，极大地鼓舞了改善河运的工作。英格兰主要城镇通过运河相互连接。在众多河流流经的主要地区，英格兰建立起了水路交通。水路交通使许多地区的煤炭开采有利可图。在水路交通建立以前，煤炭无法从开采地运抵市场；南约克郡和德比郡土地的开发都是水上交通运输方式改善的结果。

19●水力 18世纪末，水具有新的重要性，它不仅与英格兰国内商业有紧密联系，还与制造业有紧密联系。很早以来，水力就被用于谷物磨坊，也被用于布料漂洗和敷料。然而，在18世纪，随着发明的进步，水力被供给众多的制造商，所以制造工厂向那些可以获得丰富水力的地区迁移。五金行业和纺织业都容易受到可以获得丰富水力的吸引力的影响。炼铁需要水力为熔炉鼓风。研究还发现，在羊毛的制备过程中，以及织物的加工和敷料过程中，水被用来作为驱动机器的动力。水力为格洛斯特郡和约克郡的布料业带来了新优势；商业迁移到了有丰富水资源的地区，英格兰东部原来的工业受到了破坏。当机器动力取代手工劳动用来纺纱和织布时，水是最早用来驱动机器的动力。后来，蒸汽取代了水。因为蒸汽的数量可以很方便地增加或减少，并且供应非常稳定。尽管在后来的时代，英格兰主要使用蒸汽来驱动机器，但水的自然分布决定了英格兰主要工业的区域化。

20●岛国特征及王权 如果说英格兰的历史发展进程受到土地和土地上出产的产品性质，以及内部交通设施的影响，那么英格兰的岛国位置可能具有间接的重要经济意义。总体来说，海洋是抵御外来入侵的屏障。几个世纪以来，英格兰所有

18 世纪的威尼斯

地方都没有像法兰西和意大利的城镇那样频繁发生冲突。免受外来攻击是工业发展的首要要素。提利尔、罗得岛和威尼斯等旧世界最重要的商业中心都是依靠处于沿海位置来保护自己。英格兰幸运的地方在于，其工业发展的历史史无前例地延续了几个世纪，完全不受外国人成功入侵或征服的影响。

英格兰所处的岛国位置相对安全，政治安全对英格兰工业产生了积极影响，而其他一些已提及的特征也对英格兰工业产生了积极的间接影响。从很早的时候起，罗马人遗留的道路和可通航的河流就为英格兰国内交通提供了相对便利的设施，并且为最终建立一个强大的国内政府提供了物质条件。值得注意的是，诺曼王朝时期，尽管英吉利海峡两岸私人间的争斗仍然猖獗，但王权在维护英格兰和平方面仍发挥了重要作用。对农场主和商人来说，和平是有利的。英格兰城镇从属于中央政权，并且在中央政权的庇护下发展起来；而德意志和意大利的城市几乎都是独立的大邦国，法兰西的城市则经常与富裕的邻国发生争斗。英格兰的宪法体制和市政生活逐步和谐发展，这有利于英格兰采取明智的措施进行财政管理和商业管理。

21●海上贸易对商业的影响 英格兰的海岸有许多优良港口，其地理位置十分有利于商业的发展。从很早时期开始，伦敦不仅在英格兰的进出口贸易中占有一席之地，还是重要的商业枢纽。在欧洲，中世纪早期的主要贸易路线形成了一个平行四边形。君士坦丁堡、马赛、维斯比和伦敦可以视为该四边形的四个角。当新大陆的发现给欧洲大陆原来的商业带来颠覆性变化时，英格兰已具备进入新大陆的条件。尽管英格兰最繁荣的领地已摆脱其统治①，但它的统治仍然延伸到了新大陆。在与许多对手进行激烈竞争后，英格兰人开辟了通往东方的道路，在东方建立并维持了一个商业帝国。然而，英格兰与新大陆的贸易已准备就绪。1651年，英格兰人垄断了英格兰与英属殖民地的贸易，还于1713年承担了西班牙的大部分转口贸易。

伦敦

① 指1204年到1206年的英法战争中，英格兰丢失了诺曼底和安茹。——译者注

22●英格兰持续繁荣的物质基础 在粗略地回顾英格兰拥有的自然优势后，我们就不能不提出英格兰目前的繁荣能否持续的问题。在许多方面，商业需要依赖农业或制造业。英格兰除非有产品可以出售到其他国家来换取财富，否则没有能力从其他国家购买自己所需的产品。早期，英格兰出口谷物以供应罗马帝国的其他地区。到18世纪末，英格兰生产的谷物数量也足够多，还有多余的可供出口。随着人口的大量增长，英格兰进入世界市场。此时，它不再有谷物可供出售，还需从国外购买谷物。

羊毛的情况和谷物相同。13世纪到14世纪，羊毛是英格兰的主要出口商品，也是英格兰贸易的支柱。当制造业的各个分支行业在英格兰成功地建立起来后，英格兰的布料贸易在世界贸易中占据特别重要的地位。英格兰国内有充足的原料供应，并且国外许多市场对英格兰的布料需求旺盛。不过，自18世纪末“羊毛荒”①以来，英格兰制造商被迫到其他地方寻找原料。澳大利亚牧羊业的发展摧毁了英格兰作为羊毛生产国的优势地位，并且打击了英格兰在织物制造方面的实际垄断地位。

显然，英格兰的矿物资源无法为英格兰的商业发展提供永久支持。英格兰森林提供的燃料经常遭到肆意的浪费。没有任何资料表明，英格兰关注过即将耗尽的煤炭。矿产资源带来的巨大财富并不能使英格兰承受住与拿破仑·波拿巴进行战争带来的主要压力，英格兰的金融家只能抵押未来财富，以及大量增加国债。如果煤炭和钢铁贸易严重萎缩，我们很难知道，在无法忍受战争带来的压力的情况下，英格兰如何做才能减轻抵押未来财富和大量增加国债带来的债务负担。

英格兰商业赖以形成的工业基础很难让英格兰人对维持英格兰在国际上的商业地位产生足够的信心。然而，其他商业王国已成为商业枢纽，繁荣起来，

① 18世纪第一次工业革命导致英格兰纺织业对羊毛的需求量猛增，甚至全欧洲的羊毛产量都难以满足英格兰纺织业的需求。——译者注

尽管这些王国的工业在世界上并不是特别有名。提利尔是商业枢纽。威尼斯也是商业枢纽。提利尔和威尼斯的衰落并不是因为它们的工业受到了打击，而是因为它们开辟了自己认为更合适的商业路线，这使它们走上了另外一条发展路径。在世界贸易中，英格兰仍占有一席之地，伦敦仍是世界上出类拔萃的商业中心。我们无法猜测新地区的开发或新路线的开辟对英格兰的商业地位将产生多大的影响，但历史可能会重演，并且随着新政治组合的形成，世界贸易重心可能会再次发生转移。

第3章

庄 园

23●城镇的地位变得重要 现今社会生活中，我们发现，每位公民都可以很容易地意识到个人拥有的一些不同利益。公民虽然可能无法具体指明某种重大国家灾难会以何种确定的方式降临到自己身上，但渴望维护整个国家的强盛和繁荣。公民感兴趣的是与其关系最密切的城镇的良好治理，包括照明设施、块石面路的铺设和卫生设施。公民可能对一个或多个乡村怀有友好的感情。如果农作物生长得好，人住得舒服，公民就会生活得很愉悦。英格兰有三种不同类型的社会生活。对这三种不同类型的社会生活，大多数人都很感兴趣。尽管现在人们能普遍感受到贸易兴衰给国家带来的繁荣或不幸，地方政治和狭隘的利益显得微不足道，但实际情况并非总是如此。曾经有一段时间，许多英格兰人不愿把目光投向自己的村庄或城镇之外，只是偶尔有意地接触外面的世界。那时，许多英格兰人只关心自己所在村庄或城镇的繁荣。然而，现在我们所有人都受到英格兰和其他国家贸易状况的影响，就连吃的面包，其供应也受贸易状况的影响。国民经济迅速发展，使村庄或城镇的利益和政治被掩盖了。12世纪，在几乎所有社会组织中，村庄或庄园是社会组织中最重要的机构，当时几乎没有城镇存在，国家间也很少联系。随着时间的推移，城镇逐渐发展成为重要的贸易和工业中心。不断发展的工业不是沿着村庄生活的狭窄通道前进，而是在城镇的较大规模的生活中体现出来。反过来，随着国家规范和国家制度在监督和促进国家共同利益方面变得更加强大，村庄逐渐退居幕后。

每一种不同形式的社会组织都被要求为不同的目的服务。不同的社会组织主要发挥以下三方面作用：第一，维持生存；第二，提供防御；第三，管理组织成员。在履行以上职能的过程中，社会组织不得不处理一些现实经济问题。人类生活中，最主要的问题是经济问题，涉及农业、工业和贸易采购。同样重要的问题是防御，涉及军事义务或税收。在建立军事体系时，国家必须考虑维持该体系所需的财政支出。同样，立法和司法行政部门控制工业的发展状况，并且制订管理工业发展的规则。社会生活的所有方面都会产生一定的经济影响。在研究工业史的过程中，社会生活的所有方面都必须在工业史中被提及，而工业史反过来涉及社会生活的所有方面。

24●庄园组织 对英格兰的社会状况，我们有充足、清楚的了解。然而，我们发现，当时，英格兰主要城镇的居民很少参与工商业，并且绝大多数人对乡村生活很感兴趣。英格兰的广袤土地上到处是庄园。我们可以把庄园看作居住着许多人的村庄，居住在庄园的人的地位差别很大，但所有人或多或少都对庄园领主负责或服从庄园领主的管理。尽管不同地区的庄园存在各种各样的地方习俗，但我们仍可以描述具有共同特征的常见类型的庄园。

(a) 生存方式与庄园管理 就生存方式来说，我们不难理解庄园奉行政策的本质。在13世纪沃尔特·德·亨利和罗伯特·格罗斯泰特撰写的关于庄园管理方面的著作中，庄园奉行政策的本质有明确体现。每个群体都有独立的经济生活。每个庄园的管理者都尽可能使庄园实现自给自足，尽管他们并不反对把过剩的物品出售给庄园以外的人。用庄园的资源来满足居住在庄园的人的一切需要，是庄园管理良好的表现。当然，庄园的管理者偶尔需要到市场、集市，或者流动小贩那里购买一些物品。在市场上，乡村居民出售的即使不是全部的农产品，也是大部分的农产品，然后依靠自身购买力从城镇购买能使生活舒适的物品和一些生活必需品。我们很难想象，当时的社会状况与现在的社会状况相比并没有很大的反差。

我们注意到，即使是那些很容易通过运输工具将物品运送到其他地方的庄园也采用了自给自足的制度。其他庄园的情况也应该是这样。国王和拥有许多庄园的富豪发现，把庄园里的人从一个地方运到另一个地方要比把从不同庄园里面收获的农产品聚集到同一个地方简单得多。因此，大庄园领主经常从一个庄园搬到另一个庄园。不过，在实物租金改成货币租金使大庄园领主从一个庄园搬到另一个庄园的做法已经没有必要。之后很久，大庄园领主在每个庄园短暂停留的做法仍在继续。某种程度上，大庄园领主的做法也许可以解释为什么诺曼王朝时期和安茹王朝时期英格兰的富人并不追求舒适感。大庄园领主和随从被安置在庄园的一个大厅里，大厅的尽头有一个阳光可以照射进来的私人房间。大厅里几乎没有家具，用来就餐的粗糙的桌子和长凳都被搬走了，地板上到处是杂乱的麦秆。随从躺在麦秆上睡觉。由于没有刀叉、镜子，也没有瓷器，人们难以保持优雅的就餐习惯。地板上，狗争抢着宴会的残羹剩饭。当为了迎接某个重要时刻到来时，大厅地板上原来的麦秆被清除了，并且被铺上了新的麦秆。当一个庄园便于储存的食物即将消耗完时，大庄园领主和随从就会转移到另一个庄园。每个庄园都单独进行管理，它储存的食物都能维持较长或较短一段时间的生活。

(b) 防御与捐献义务　各个庄园虽然在生活资料供给方面是独立的和自给自足的，但出于防御目的，我们可以看到它们是紧密联系在一起的。自诺曼征服起，任何情况下，每个人都有义务出于军事目的向国库捐献钱粮。每个庄园领主承担的王室财政义务使庄园领主与中央政府有着紧密的联系，并且将各个独立的庄园捆绑成一个整体，以抵御外部敌人。这就是《末日审判书》中详细记载的英格兰庄园的情况。《末日审判书》体现了威廉一世于1086年进行的土地调查的结果。威廉一世不仅想知道庄园领主从王室土地中获得的租金收入是多少，还想知道每个庄园领主支付的丹麦金的金额。最初，丹麦金是为了收买丹麦人而征收的，后来被用来为军事目的筹集资金。诺曼王朝初期，政府只在偶尔的情况下才征收丹麦金。丹麦金并不是一种固定的年度税收。郡里充当国王代表的官员——郡督承担收取王室租金和王室税的责任，并且向国库支付收取的租金和税收款项。从英格兰国王亨利二世时期起的庄园法庭记录中，我们得到了关于英格兰各地向国库支付款项的记录或国库免除地方支付款项的记录的大量信息。

我们主要关注庄园的财政状况。庄园领主负责向郡督支付一定数额的款项。庄园中，一些佃农在各方面独立于庄园领主，他们可以自由处理自己的土地，

英格兰国王亨利二世

但不直接向国王交税，而是通过庄园领主向国王交税。因此，实际上，庄园领主可以视作是负责向税收贡献较小的人征税的官员。然而，到目前为止，更多的居民受到庄园领主的严格束缚。庄园领主主要用来自自己土地的产品来支付丹麦金。庄园领主的财产一部分是私有领地，另一部分是持有的土地所有权，持有的土地所有权被授予给了佃农，条件是佃农必须定期在庄园领主的私有领地上提供特定服务。通过把土地所有权授予佃农的方式，庄园领主使佃农成为其土地不可分割的一部分。因为没有佃农，庄园领主就无法耕种，也无法履行缴纳税收的责任。佃农与庄园领主的关系很难用现代语言准确地表达出来。或许可以说，佃农是庄园领主的土地租赁者，支付给庄园领主的租金不是货币，也不是实物，而是服务。或者可以这样说，佃农是庄园领主的雇工。佃农收到的报酬不是工资，而是已分配好的小块土地。空闲的时候，他们可以在分配给自己的土地上工作。不过，我们必须更细致地考虑不同时期佃农义务的确切性质。

(c)庄园司法权 作为司法或行政中心，庄园发挥着社会组织第三个方面的功能，即管理组织成员的功能，在此无须详述。庄园法庭的许多记录向我们展示了其工作是连续性的和多变的。庄园法庭非常关心面包的重量和麦芽啤酒的质量。它也是与庄园有关的重要交易发生的地方。通过庄园法庭，佃农开始有自己的财产，并且开始履行自己租种土地的义务。某个佃农如果离开庄园，导致庄园人手不足，就会被提出正式控诉。由于大多数劳动者实际上被限制或约束在一些特定的庄园内，与我们现在熟悉的情况不一样，庄园领主没有机会雇用劳动力或寻求劳动力来庄园工作。因此，庄园的内部管理和内部经济一样，是非常独立的。庄园领主和农民的义务并不是由适用于整个国家的一般法律确定的，而是由每个特定庄园的惯例来确定的。许多与买卖有关或与普通治安管理有关的小案件，都是根据庄园所在地习俗在庄园法庭上判决的。因为全国范围内对这类问题没有成文的法律规定。

25●庄园的早期历史 庄园组织的历史可以追溯到诺曼征服时期。《末日审判书》

《末日审判书》

清晰告诉了我们，庄园这种社会类型的存在，以及它承担的各种功能。《末日审判书》中，在关于每个地区的记录开始的地方都有一个报告，该报告说明了每个地区摊派的丹麦金金额；在关于每个地区的记录结束的地方，英格兰政府评估了大多数地区每个庄园的财产价值，这可以帮助我们了解哪些地区的税收压力最大。我们还得到了每个庄园的详细情况——维持庄园生存的补给资料、庄园领主可以使用的劳动力、庄园的草地和牧场资源，以及庄园重要的经济来源，如物品的销路、渔业或磨坊加工等。除了经济来源，还有证据表明，庄园领主还可以行使一些刑事或民事上的司法权利。庄园的所有状况就像八百年前其存在时一样，清晰地展示在我们面前。然而，当我们试图回顾《末日审判书》的记录，来研究庄园作为一个复杂的乡村机构是如何发展起来时，发现自己面对的并不是说明庄园如何发展起来的确凿的证据，而是各种相互矛盾的理论。从庄园组织的发展对王室的影响或自愿组成的行会组织的变化中，我们得到了相关理论。

社会因素中的每个因素都可能对庄园的整体发展做出一定贡献。在庄园领主行使财政职能和司法职能的过程中，王室权威的影响很明显。如果将庄园的内部机构描绘成与王室机构类似的机构，并且假设庄园的内部机构按照王室机构的模式进行管理和组织，那么庄园就像是一个自上而下的组织，有许多值得研究的地方。

然而，《末日审判书》和后来的资料证明，人们组织在一起共同生活，并且联合在一起反对庄园领主的权利，似乎表明第一批来到英格兰的定居者是自愿联合起来共同耕种、共同分担责任的人。庄园中联合在一起的集体劳动组织在佃农中确实存在，尽管有些作家似乎认为，联合在一起的集体劳动组织是由上层社会的主人强行组织的。不过，在某些情况下，集体劳动组织更有可能是自愿联合产生的。

关于庄园的起源和早期历史问题，学者至今仍有争议。不过，我们可以得出两个否定的结论：

其一，我们没有理由认为，所有乡村受雇中心都是以与庄园类似的方式发展起来的。有些乡村受雇中心可能是庄园领主组织佃农进行集体劳动发展起来的，有些则是佃农自愿组织起来的。一个组织的起源没有理由与另一个组织的起源相同。与其讨论进行集体耕作的人是自愿的还是被迫的，我们还不如承认进行集体耕作的人有第三种选择，即进行集体耕作的人是没有任何特殊政治特征的农业群体。然而，一旦农业群体具有政治性质，并且被王室用于司法和财政目的，它就会和有着不同发展历史的其他社会群体形成类似的特征。

其二，有一种错误观念认为，庄园或乡村受雇中心是罗马时代幸存下来的事物。做出这种推测的理由尚未得到证实，但面对5世纪时罗马人建立的社会结构在英格兰被彻底摧毁的证据，庄园或乡村受雇中心似乎不太可能是罗马时代幸存下来的事物。不过，在英格兰的许多地方都发现了罗马时代庄园的遗迹。罗马时代的庄园与《末日审判书》中描述的庄园有许多惊人的相似的地方。一个时代的庄园与另一个时代的庄园存在许多相似的地方，也存在许多不同的地方。虽然不同时代的庄园存在相似的地方可能与自然条件有关，但这并没有相关的历史资料可以证明。在同样的土地上种植同样的农作物，用同样的犁和牲畜进行耕作，尽管是不同时代的庄园，也必然存在相同的地方。我们还考虑了欧洲大陆的风俗和罗马术语的引入以及后来英语的变化，几乎没有理由可以认为，作为乡村受雇中心，罗马时代的庄园幸存了下来。罗马时代的庄园作为乡村受雇中心继续存在是那些认为英格兰文明直接源于罗马帝国的不列颠省的人的最后一道底线，但目前这只是未经证实的猜想。

26●13世纪庄园的历史记录 尽管庄园的起源和早期历史非常模糊，但不妨碍我们完整、详细地叙述庄园在13世纪作为乡村受雇中心发挥的作用。13世纪，所有管理有方的庄园都普遍存在一套严谨的管理制度，并且形成了书面账目。我们有几本关于英格兰国王亨利三世统治时期英格兰庄园管理的手册。其中，最著名

英格兰国王亨利三世

的一本手册在近三百年来一直是英格兰庄园管理方面的经典著作。该手册由一个叫沃尔特·德·亨利的多明我会修士撰写。在坎特伯雷的基督教大修道院的庄园管理方面，沃尔特·德·亨利可能具有实际经验。此外，我们还可以参考保存在管理良好的庄园中的三种不同形式的记录。庄园的规模或租金记录为我们提供了租户名单，并且阐明了租户的义务，无论租金是以实物、服务的形式还是以货币的形式付讫。庄园记录是庄园领主通过调查获得的。庄园领主每隔一段时间就会组织进行一次调查，虽然调查是在不同时间进行的，但调查内容几乎没有太大的变化。调查记录陈述了庄园的资源和庄园领主的合理期望。庄园内，每年编制的账目不仅记录了私有领地的农产品产量及用途，还记录了牲畜的数量，在某一特定年度内佃农和其他奴隶实际履行义务的程度。此外，我们还获得了庄园法庭案卷或庄园司法方面的记录。庄园法庭案卷记录了庄园土地租赁人员的变化。庄园领主偶尔也会变更土地租赁人员的义务。我们获得的资料可以详细地再现庄园的生活。

27●管家与佃农 在爱德华一世统治早期，我们可以把庄园视作庄园领主的私有财产。庄园一般由庄园领主管家代为管理。庄园领主如果是一个拥有很多财产的富豪，就会任命一个职位较高的官员或庄园领主管家来代表自己进行监督管理。庄园领主管家是庄园所有事务的负责人。他每年要全面清点库存，监督佃农完成工作，并且负责用庄园领主的财产来支付缴纳给国家的相关款项。庄园中还有一个由佃农选举出来的工头。工头的职责是，在佃农与庄园领主的一切交易中代表佃农的利益；庄园领主管家则负责监督实际工作及谷物的产量。

庄园领主的耕地和佃农的耕地常常混在一起（参见112节），但由庄园领主管家直接管理的那部分土地被称为私有领地。庄园领主有很多牲畜可以耕种土地，但佃农被要求在庄园领主的土地上用自己的牲畜进行劳动或提供个人服务。早期，庄园领主对佃农的要求似乎不明确。因此，对佃农，庄园领主的要求具有随意性。然而，在爱德华一世统治时期，庄园领主的要求开始变得非常明确。佃农租种的耕地一般为一雅兰或一威尔格[①]，约为三十英亩[②]的耕地。当租种的耕地交还给庄园领主时，如佃农去世，佃农租种的土地及用于耕种土地的全部牲畜都需归还给庄园领主。为饲养用于耕种的牲畜，佃农可以拥有小块草地。同时，他可以在村里的荒地上放养牲畜，也许可以放养一些羊。随着时间的推移，许多荒地被开垦出来，作为耕地或用于额外耕作。不过，庄园领主要求，公共荒地的减少不能影响牲畜的食料供给。英格兰法典中，最早的法典之一是1236年英格兰政府通过的《默顿法令》。《默顿法令》强制要求人们承认庄园领主和佃农的共同权利。

拥有一雅兰耕地的佃农须承担下列义务。从米迦勒节[③]到次年8月1日的圣伯多禄宗徒受铁链刑的瞻礼日，佃农每个星期要在庄园领主的土地上工作三天。不过，圣诞节、复活节和圣神降临周[④]时，佃农可以休假。佃农不得不和自己的团队成员一起，每个星期为庄园领主耕作四英亩的土地。佃农负责施肥、除草、为庄园领主的牧场割草，同时需要切割、整理和搬运草料。从圣伯多禄宗徒受铁链刑瞻礼日到米迦勒节，佃农需要在庄园领主的土地上工作二十四天，为庄园领主的收获不停地忙碌。针对每一次义务服务，佃农是否应从庄园领主那得到食物和酒水，都有清晰规定。收获工作漫长、繁重。收获时节，佃农需要支付一便士才能免除一天的劳动，而支付半便士只能免除一年中其他时间的一天劳动。此外，佃农需要在复活节和米迦勒节这两天各支付一先令八便士，在圣诞节这天送上母鸡。以上就是爱德华三世统治早期博利佃农的主要义务。总体而言，这些义务可以被视作典型的佃农义务，尽管每个庄园根据习俗在某些义务的细节规定上可能有所不同。

庄园中，一群地位和义务相似的人组成了一个团体。团体中的人共同负责庄

① 雅兰和威尔格均为英国古代的土地面积单位。——译者注

② 英亩，1英亩约合0.4647公顷。——译者注

③ 该节日是为了纪念天使长米迦勒，西方教会将其定在每年的9月29日。——译者注

④ 圣神降临周为复活节后的第七个星期。——译者注

园领主规定的工作。如果一个人无法胜任庄园领主规定的工作，其他人就必须完成这个人的工作。工头是团体成员推选出来的管理团体的长官，是团体与庄园领主或庄园领主管家进行沟通的代理人。佃农虽然在某些方面处于被奴役的地位，被束缚在庄园领主的土地上，但仍然有一定的社会地位，并且他们很可能非常重视自己的社会地位。依靠临时工作生存的外来者，几乎没有土地可供劳作。他们即使能拥有土地，拥有的土地面积也很小。某种意义上，依靠临时工作生存的外来者是自由的，但佃农没有自由。不过，在1349年黑死病之后爆发的农业革命①以前，自由劳动者都不能算上层阶层。

14世纪，庄园的运作模式迅速发生了变化。显然，庄园领主可以自由选择是要佃农提供实际服务，还是向佃农收取与佃农需要提供的服务等值的货币。某些年份，庄园的账目会记录一大笔农产品的销售收入。这一大笔收入应该是佃农支付给庄园领主用以代替服务的款项。总体来说，14世纪初，庄园领主更愿意收取货币而不是强制佃农提供服务。庄园领主通过雇用自由劳动者或其他需要工作的人来完成必要工作，而不是强制佃农在规定的时间内完成工作。某些情况下，庄园领主和佃农之间存在正式协议，即庄园领主定期向佃农收取货币，而不是要求佃农提供实际服务。1343年，白金汉郡格兰伯勒镇的佃农与庄园领主签订了一份类似协议。协议规定，如果某个佃农没有支付给庄园领主足够的货币租金，那么其他佃农均负有集体责任，如同早期庄园的所有农奴也需要共同完成庄园领主规定的劳动时间一样。即使没有签订正式协议，即使不具有传统习俗的约束力，采用货币而不是提供服务支付租金的做法在14世纪也越来越盛行。

28●**黑死病、土地租赁和畜牧业的直接影响** 1349年开始席卷英格兰的可怕瘟疫——黑死病，对英格兰社会产生了重要影响。在乡村，黑死病使原来的庄园领主管家管理的农作制度变得不再可行，因而引发了一场庄园管理革命。黑死病导致欧洲大

---

① 农业革命指黑死病结束后，庄园领主改变了庄园的经营模式，将私有领地出租给自由劳动者，将原来的劳役地租改为货币地租，以劳役地租为主的传统庄园经济开始瓦解。——译者注

约一半的人死亡，直接后果就是劳动力变得非常稀缺。在采用货币租金的庄园里，劳动者不能接受原来的雇用条件。某些情况下，庄园领主担心庄稼会彻底绝收，因为劳动者要求庄园领主为收获庄稼支付前所未有的高工资。于是，英格兰政府通过了一项法令，强迫劳动者按原来的工资水平工作。1351年的《劳工法令》不可能一直执行，而在黑死病爆发以前就出现在庄园管理中的货币租金制度，也被证明无利可图。庄园领主有进行耕作必需的牲畜和土地，但按照新的工资标准，他们难以支付进行耕作所需劳动力的工资。在这种情况下，最简单的办法就是，庄园领主放弃通过庄园领主管家管理庄园的做法，把自己的私有领地分割成许多小块土地，把每块土地连同耕作必需的牲畜一起租出去，以收取固定的货币租金。这是租赁农业的开始。不久，租赁农业转变成了现代农业。牲畜和土地的租赁是一种过渡形式，逐渐让位给另一种安排，即承租人负责提供牲畜，而庄园领主负责土地和建筑物的出租。土地租赁者可能不是已经拥有土地的佃农，而是自由劳动者。不过，新租客租赁的土地与佃农已有的土地不会有太大的不同。由于没有能力雇用额外的劳动力，承租人租赁的土地只能由自己和家人来经营。承租人租赁的土地面积为一威尔格。承租人如果把所有时间都花在自己租赁的土地上，将能耕种更大面积的土地，或者获得更好的收成。

对其他没有租出去的土地，庄园领主会选择从事有利可图的畜牧业。有时，庄园领主或许能做到不侵占任何一个地位较低的邻居的耕地，或者干扰他的牧场经营。然而，随着畜牧业的发展，许多庄园领主开始侵占地位较低的邻居的耕地，或者干扰他的牧场经营。对庄园领主的行为，人们怨声载道。不过，我们对大型牧场的早期历史知之甚少。只是需要指出的是，牧场农业只是庄园领主采取的一种权宜之计。在采用货币租金制度的情况下，进行庄园领主管家式的耕作是行不通的。因为许多佃农感染黑死病死了，庄园里的人口数量减少了。

29●农民起义 对那些仍要求佃农提供服务或者将提供服务作为佃农支付地租的备选项的庄园来说，问题就有些不一样了。在佃农仍提供服务的庄园的土地上，庄园领主管家式的耕作仍在继续。显然，对庄园领主更有利的是获得佃农提供的服务，而不是收取货币租金。只要庄园领主能够获得佃农提供的服务，庄园的土地就会得到充分利用。然而，庄园领主显然只能通过对佃农施加巨大压力来强迫他们提供服务，以满足自己的需求。如果庄园领主拒绝接受货币租金，那些习惯支付货币抵扣大量工作以换取自由的人就会感到很愤怒。由于黑死病，一个庄园里只剩下极少数佃农活着。如果没有庄园领主给予的巨大压力，佃农很难成为一个集体组织并履行自己的集体责任。新的土地租赁者的相对自由和成功也使佃农对自己的地位感到不满。因此，1381年，社会不满加上政治动荡引发了广泛爆发的、有组织的农民起义。

30●农民起义导致庄园制度衰落 农民起义爆发的范围非常广。不过，在一定程度上，农民起义具有一定的地域性。诺福克、剑桥、圣奥尔本和肯特是我们知道的爆发农民起义最多的地区。在爆发农民起义的中心区域，起义的具体原因各不相同。不过，大体上，起义主要针对庄园领主及庄园领主强制佃农提供服务的要求。各地区爆发的农民起义具有地方色彩，但英格兰有些地区完全不受农民起义的影响。在伊利岛附近的利特尔波特，庄园每年的账目没有出现任何异常，并且佃农的工作都是按照原来的惯例进行。不过，没有受到农民起义影响的庄园肯定是特例。农民起义的规模非常大，起义的领导人获得了很大的成功。庄园领主批准了解放佃农的特许状，但解放佃农的特许状后来被搁置了，理由是庄园领主遭到了武力胁迫。支持庄园领主的力量太强大了，导致农民起义无法改变庄园原有的运转模式。佃农通过服务代偿地租的庄园运转模式一直持续到庄园运转模式发生改变、庄园领主不再需要佃农提供服务时。

然而，极有可能出现的情况是，佃农爆发强烈不满，使原来的庄园领主管家制度下庄园领主强制佃农进行义务耕作变得越来越困难。庄园领主将私有领地拆分为小块土地进行租赁，或者将土地改造为牧场，这一做法非常实用。更重要的是，不断增长的羊毛需求使畜牧业利润丰厚。庄园领主有非常强烈的动机赶走庄园里的居民，把土地只用作牧场。1459年，对租用土地的合约被破坏、佃农组成的集体组织被解散及沃里克郡部分地区被荒废，考文垂的民众提出严重不满。尽管目前外国人嘲笑英格兰人依赖绵羊，而不是依靠船，但把土地用作牧场的变化并不只局限于英格兰中部。直到16世纪末，把土地用作牧场的趋势还在不同因素的推动下持续进行。人口减少被认为是国家面临的严重政治危机，并且在有些时候，人口减少是由于庄园领主采取了无情的方式驱赶庄园里的居民。考虑到居民的合法权利，对居民的驱逐是否合适，以及居民究竟在多大程度上被非法驱逐，这些问题很难说清楚。不过，相对于经济影响来说，这些问题并不是特别重要。

随着乡村变革的推进，庄园不再是重要的集体劳动组织。同时，由于税收征管的变化，庄园不再是满足国家财政需要的组织。许多情况下，庄园的司法职能开始变得不重要了，因为它正在被其他机构取代。从理查二世开始，我们发现，治安法官的重要性增加了。都铎王朝统治时期，穷人的监督者开始行使一些地方管理职责。从以上方面来看，在宗教改革以前，庄园作为乡村受雇中心或地方行政中心的地位就已不再重要。在有庄园法庭以及经官方登记居民享有土地保有权期限的地方，庄园的司法管辖权依然存在。不过，现在看来，庄园的司法管辖权只是过时的事物，不是地方自治政府的有效工具。迄今为止，佃农从被束缚在庄园转变到现在获得解放的过程并不容易。有证据表明，关于佃农制度的某些缺陷仍然残存了下来。在伊丽莎白一世统治以前，佃农遭受了严重压迫。

第4章

城　镇

31●庄园、城镇的财政义务 在庄园的庇护下，许多城镇发展起来。因此，城镇的早期历史实际上是关于繁荣的庄园的故事。谢菲尔德等一些重要城镇就是在庄园制度下发展和繁荣起来的。直到1846年，曼彻斯特才具备城镇的本质特征。从本质意义上来说，城镇是居民共同向国王纳税的地方。城镇居民拥有很大的地方自治权，城镇居民组建的管理机构负责评估每个家庭应当向王室交纳的税收数额。城镇居民是直接承担财政职责的群体，这使城镇很容易与庄园区分开来。因为在每个庄园里，庄园领主自己负责缴纳税收。十字军东征时，大量英格兰城镇积累了丰厚的财富，其地位有较大提升。因此，城镇能获得特许状进行自治，从而使城镇居民能够直接承担向国王纳税的责任，并且城镇内部事务不受作为国王代表的治安法官的干涉。直到发展到十分繁荣时，城镇才以直接纳税、实行地方自治的方式获得了王室信任。十字军东征以前，关于英格兰城镇生活的历史虽然非常有趣，但鲜为人知。要充分了解英格兰城镇生活的历史，主要的难点在于，不同城镇的发展时机和发展方式千差万别。每个城镇发展的故事都应该被单独记录下来。然而，在本书中，我们只能指出不同城镇发展过程中受到的一些不同影响，并且说明不同影响在不同地方发挥作用的方式。

32●修道院和丹麦移民对英格兰早期城镇生活的影响 毫无疑问，当盎格鲁人和撒克逊人来到荒芜的不列颠省时，罗马帝国建立的城镇的残迹对他们几乎没有吸引力。罗马帝国建立的部分城镇被盎格鲁人和撒克逊人烧毁了。另外一些城镇则陷入了衰败。盎格鲁人和撒克逊人定居在乡村，他们组成了自给自足的小群体。在自给自足的情况下，小群体为国内贸易发展提供的机会很少，对外国商人也没有什么吸引力。可能有些小贩在乡村各地四处游走；乡村偶尔会举办集市，但英格兰几乎没有有利于维持和引导城镇生活恢复的正规商业活动。罗马帝国统治下的不列颠省有五十六个城镇，在盎格鲁人和撒克逊人征服和定居不列颠期间，没有一个城镇处于明确的、有组织的社会生活中心的地位。

庄园被称为乡村雇用中心。城镇就必须被视为贸易和商业中心。任何为贸易提供机会的社会集结点或定居点都是一个迟早会发展成城镇的地方。基督教的传入及英格兰人与丹麦人的斗争都为城镇发展带来了有利的社会条件。基督教时代，人们聚集在朝圣的地方，为贸易的产生提供了机会，特别是在纪念守护神的日子。本笃会的大修道院往往在一定程度上依赖从遥远的地方运来的货物，于是，大型交易场所得以形成。诺里奇、坎特伯雷、贝里、雷丁和伍斯特都是在大修道院附近发展起来的城镇。

另外，丹麦人建造的堡垒，或者英格兰国王长者爱德华及姐姐麦西亚王国王后埃塞尔弗莱德建造的用来抵御丹麦人的堡垒，都成了贸易中心；莱斯特和塔姆沃思等城镇也许就是在原来的堡垒的基础上形成的贸易中心。丹麦人喜欢从事英格兰人已经不再从事的航海事业和贸易工作，并且使自己在波罗的海、冰岛和爱尔兰的殖民地与英格兰建立起商业往来关系。丹麦人似乎致力于发展工业，并且提供一些常见的货物。在城镇生活中，丹麦人的重要性体现在多个方面。除了林肯、斯坦福德和剑桥等丹麦执法官管理的行政区受丹麦人的影响，英格兰还有其他一些地方受到了丹麦人的影响，如伦敦。裁判所[①]就是根据丹麦人

① “Husting”起初是指维京人和盎格鲁–撒克逊人解决商业争端的地方。11世纪中期，在诺曼人统治英格兰后，也指裁决民事纠纷的地方。Husting Court因在室内进行裁决而得名，以区别于露天裁决。——译者注

的条款设立的。通过丹麦人与英格兰人的宗教联系，我们可以在更大范围内描绘丹麦人对英格兰的影响。正如希腊人或腓尼基人聚居地的不同起源可以通过他们在各自的神殿中进行不同的礼拜仪式来证明，我们有时可以从教堂为北方圣徒举行的仪式中发现英格兰城镇中的丹麦元素。圣奥拉夫教堂不仅在约克存在，在南华克和埃克塞特也存在。当考虑到不同的、表面看起来毫不起眼的证据时，我们能够意识到，英格兰城镇的发展受到了英格兰后来的定居者的深刻影响。

33●城镇具有乡村特征且存在义务和管辖权冲突 在英格兰后来的定居者的影响下，城镇生活得以形成。与此同时，英格兰的自然条件使后来的定居者的影响中的某一点特别有利于城镇的发展。英格兰的河流为国家的远洋运输提供了便利。早期阶段，潮汐将小型海船带到的地方已出现不止一个城镇。苏格兰的珀斯和斯特灵、伊普斯威奇、诺里奇和切斯特都是早期潮汐将海船带到的地方形成城镇的例证。除了远洋运输，罗马帝国时期修筑的重要道路提供了便利的交通。在罗马帝国城镇废墟的邻近地方或原址上，新城镇崛起。在社会条件和自然条件都有利的地方，无疑有大量机会可以经常进行贸易。贸易发展导致定居人口的增加。《末日审判书》发布时，英格兰许多地方被称为行政区或城镇，尽管当时的行政区或城镇几乎没有我们熟知的城镇生活的特征。即使仅从表面看，《末日审判书》发布时称为行政区或城镇的地方也与我们知道的城镇有很大不同。我们习惯了街道两边布满商店，库存货物陈列在商店中进行公开出售。从这一点来说，当时，除了伦敦，其他地方很少有街道。库存货物只在全国各地都举行的一年一度的集市上出售，住在城镇的工匠希望顾客能提供原料。在我们看来，更奇怪的是，城镇居民从事与乡村居民相同的职业。因此，在进行《末日审判书》的调查时，剑桥郡督由于过于频繁地要求城镇居民配合而犯了敲诈勒索罪。1296年，科尔切斯特的存货清单为我们展示了一幅清晰的关于乡村群体的画面。

《末日审判书》的记载揭示了城镇生活一个更奇怪的特征。即使是在主要城镇中，也几乎看不到普通城镇生活的痕迹。相反，我们发现了大量的关于同一行政辖区内不同居民承担不同义务的证据。显然，在某些地方，如什鲁斯伯里和诺里奇，有大量拥有特许经销权的诺曼人或佛兰芒人，他们并不总是和城镇的其他居民一样缴纳同样的税收，也不需要遵守同样的习俗。在许多地方，一个城镇里的两栋或两栋以上的房屋似乎因被认为附属于毗邻的庄园而被征税。在我们看来，一个人口稠密的地区，发生相互冲突的责任和管辖权似乎是一件奇怪的事。不过，我们不妨记住，就连伦敦也是一个奇怪的组合体。在爱德华一世统治时期以前，伦敦的每个区都有特殊的独立性。直到1856年，坎农盖特、波兹布罗和布劳顿才合并进爱丁堡。如果能详细追溯共同的城镇生活的发展过程，将会是一件有趣的事。普通的城镇生活逐渐在常见的地方自治机构中得到体现。

34●城镇居民争取特许状及城镇内部贸易 我们发现了多个地方城镇的发展痕迹。为实现自治，城镇居民会遇到一些不可避免的阻碍。城镇发展的标志就是城镇居民努力克服这些阻碍获得自治。城镇是庄园领主拥有的土地上的人口最密集的地方。城镇居民有共同利益，就是从管理城镇居民的官员的干涉中获得自由。城镇居民可能希望庄园领主免除其义务耕作。1190年，通过莱斯特伯爵罗伯特·德·博蒙特的特许状，莱斯特的民众获得了免除义务耕作的自由。许多人希望摆脱在庄园领主的磨坊里无休止磨谷物这样的限制。1381年，圣奥尔本的民众还没有获得使用自己的手工作坊的自由；一直到18世纪，在曼彻斯特，免除义务耕作仍存在争议。与治安管辖和卫生条例方面的许多小问题相比，城镇居民更愿意拥有为自己立法的自由。在免除义务耕作和拥有立法自由方面，城镇居民逐渐赢得了自由。在不同的特许状中，庄园领主给了城镇居民各种权利。

然而，城镇居民还想享有一些其他权利。因此，他们需要亲自去拜见国王。城镇居民想要享有的其他一项权利就是集体负责缴纳王室税收。集体负责缴纳王室税收的权利使城镇居民摆脱了治安法官的干涉，并且使城镇居民可以根据共同负担的税收总额来评估每个居民应支付的税收金额。支付的税收金额作为

十字军

城镇居民使用房屋的费用。城镇居民也乐于根据自己所在城镇的习俗，在城镇内部由城镇居民自行行使司法管辖权，从而使他们的日常生活事务不受外部司法的干涉。此外，城镇居民还希望在某些贸易事务上联合起来，拥有自己的行会。这些权利是城镇居民梦寐以求的。通过王室特许状，城镇居民有时在较多事务上享有自治权利，有时在较少事务上享有自治权利。为获得这些权利，城镇居民通常需要向王室支付一笔可观的费用。十字军东征时，国王和大庄园领主在竭力筹款。城镇居民因此获得了许多特许状。一些人口密集的地方成为自治城镇，该城镇由城镇居民选出的官员——市长或镇长进行管理。

12世纪，在基督教世界的大部分地区，寻求自治的思想产生了影响，并且使所有城镇生活产生了新的活力。此时，不同城镇建立起来的制度非常相似。比较这些制度具有差异的地方，往往能给人以启发。另外，相似的制度使城镇间的商业往来成为可能。一个城镇的商业习俗和收回债务的方法与另一个城镇的做法通常大同小异。然而，自治城镇尽管在类型上相似，但都有自己明确的特权，有自己的居民必须承担的沉重负担。每一个自治城镇都有自己的历史记录。这些历史记录包括一系列的特许状，而特许状承认或确认了自治城镇的特权。每个自治城镇都是以自我为中心的独立机构，尽管它们可能与其他类似城镇有频繁的联系。由于自治城镇都是贸易中心，所以当时的商业活动带有一些社会群体的特征。我们可以把当时的商业活动恰当地称为市政贸易或市际贸易。

35●城镇的财政贡献及内部管理制度 与庄园一样，城镇也被要求为保卫王国支付费用。其中，许多城镇在12世纪末承担财政职责，这使城镇居民感到自豪。城镇居民对城镇的土地负有集体责任。他们除了要缴纳巨额款项才能取得使自己享有土地集体责任的特许状，还有义务每年向国库缴纳一笔款项。城镇居民提供了按城镇房屋收取的税收，并且使城镇的流动商人获得了税收豁免，使流动商人免受当地政府对他们征收苛捐杂税的影响。城镇居民严格地管理税收的征收，并且非常戒备那些作为城镇居民享受城镇带来的好处却没有承担城镇税收的人。最早的城镇法是针对苏格兰北部的高地人和其他外来者，以及假借合伙关系的名义与城镇居民分享城镇地位带来的好处，并且给城镇居民的商品进行加工的人。这种戒备是城镇非常显著的、令人不快的特点，但城镇居民竭力防范的危险并不是虚幻的。我们发现，爱德华一世统治时期，北安普敦承担的财政负担过重，使当地部分居民迁移到比北安普敦享有更多特权的地方。15世纪，许多城镇的地方自治政府发现它们必须减免税收。人们普遍认为，很大程度上，城镇的税收压力与都铎王朝统治时期新商业中心的崛起给老城镇带来的困境有关。城镇的排他性虽然表面上看起来很严厉，但实际上是为了自卫。我们还必须记住，如果外来者想要在城镇里占有一席之地，并且愿意按照非城镇居民享有部分特权的方式来分担城镇财政负担，城镇居民还是愿意欢迎他们的。不过，那些暗中试图逃避分担财政负担的外来者引起了城镇居民强烈的仇恨。这种仇恨扩展到了生活在受王室保护的城镇但不属于城镇居民的汉萨德人或犹太人身上，因为他们没有分担城镇居民的财政负担。完全不受地方自治政府管辖、直接对国王负责的外国人的定居点，是伦敦城内不同类型的居民享有的特权不一致的最后标志之一。爱德华一世统治时期之后，影响城镇居民自治的困难相对较少。

爱德华一世统治时期，享有较多特权的自治城镇的内部管理机构由民选官员掌管。从伦敦、伊普斯威奇和诺丁汉等城镇的文字史料中，我们可以清楚地看到自治城镇的商业特点、执行的规则和违反规则的惩罚措施等。然而，在许多情

爱德华一世

况下，居民的内部管辖权并没有从原来的庄园领主手中消失。城镇居民实现更充分的内部自治的愿望引发了痛苦和血腥的斗争。斗争经常发生在一些大修道院庇护下发展起来的城镇中。1254年，一个有趣的协议结束了雷丁频繁发生暴乱的时期。1327年，贝里发生了更加严重的骚乱，但1272年发生在诺里奇的骚乱最严重，导致教堂被焚毁，城镇遭到围攻和袭击。

36●商业行会及织工行会 与其他社会群体一样，一个城镇不仅需要考虑财政和行政方面的事务，也要维护自身繁荣。城镇是作为商业中心发展起来的。我们发现，为规范城镇的商业，诺曼王朝和金雀花王朝时期的许多特许状授予了城镇居民自由结社的权利。毫无疑问，城镇居民特别珍视自己获得的权利。商业行会或商业公会的授权赋予了城镇一个重要的商业特征。通过商业行会或商业公会，城镇居民可以参与当地及远方的贸易。尽管查尔斯·格罗斯博士孜孜不倦地进行商业行会方面的研究，但要确定商业行会的确切功能并不容易。虽然城镇的商业行会与地方自治政府联系紧密，使人们很难区分两者的管辖范围，但在英格兰城镇中商业行会似乎并不具备司法性质，不能解决商人间的争端。虽然商业行会渴望防范任何侵犯其特权的行为，但我们仍不太清楚商业行会的特权是什么。商业行会似乎对贸易的方式做了一般性规定。买卖的条件，某种程度上，货物的质量、度量衡的种类都属于商业行会规定的制订范围。毫无疑问，商业行会能够将其认为是为了所在城镇利益的交易方式强加给所有商业行会成员，并且也能阻止非商业行会成员在城镇进行定期交易，尽管非商业行会成员可能在城镇集市日或展销会期间访问城镇。不过，商业行会可能还具有其他功能，如有利于推动集体贸易的发展。当外国船造访城镇时，城镇居民最好不要互相竞价去购买商品，而是应以集体的方式共同购买商品，然后在城镇居民间进行分享。苏格兰城镇的法律比英格兰城镇的法律更容易追溯城镇居民在共同购买中享有的权利。有证据表明，1294年，切斯特菲尔德存在类似的共同购买后再分享的做法。在后来的城镇贸易实践中，无论是保留以前的共同购买后再分享的做法，还是只是偶尔采取这种做法，都给我们提供了了解这种做法的可取之处的有趣线索。16世纪到17世纪，许多城镇将居民共同购买的粮食储存在粮仓，以保证城镇的食物供给。17世纪到18世纪，都柏林的城镇居民经常共同购买煤。直到近代，爱丁堡的磨坊一直是爱丁堡居民共同财产的重要组成部分。然而，无论城镇居民从商业行会的成员资格中获得了什么直接的金钱上的利益，商业行会并没有接纳城镇的所有居民，尽管商业行会也可能接纳非城镇居民作为成员——它肯定会授予非城镇居民一种身份，使非城镇居民成为一个有信誉的人。商业行会成员的背后有庞大的团体。在违约的情况下，某个商业行会的成员可以向其他成员求助。交易货物的安全性和顺畅性的提高，则在很大程度上解释了为什么许多城镇渴望拥有自己的商业行会。

我们了解到，12世纪，除了城镇商业行会，各地都有多个由从事某些特定行业的人组成的行会，尤其是从事纺织行业的人。值得注意的是，应当诞生于某个行业中的行会并不是由单独从事某个行业的人组成的。在英格兰早期历史上，行会成员从事的工作只是妇女家庭日常事务的一部分；不过，在佛兰德斯，纺织业已取得巨大发展。在诺曼征服后的一个世纪内，许多来自佛兰德斯的移民在英格兰定居下来。我们发现，无论不同地方的多个行会是怎么发展起来的，行会成员与城镇其他居民的关系并不友好。更有可能的是，不同地方的行会是由国王授权和保护外来者利益的独立行会，而不是当时一大批英格兰本土织工组成的行会。外来者认为，为维护自己的利益，应组建行会。伦敦纺织行会的历史，即伦敦织工行会长期独立于地方自治政府并最终于1321年向伦敦政府屈服的历史。这似乎证实了各个城镇的行会是外来者为维护自己的利益而组建起来的观点。不过，同样值得注意的是，早期的行业行会还存在于强制实施官方监管的行业贸易中。面包师行会的成立时间和织工行会的成立时间一样早，尽管面包师行会没有在各地广泛存在。从无地王约翰统治的第六年[①]开始，考文垂的面包师行会就

① 即1205年。——译者注

一直存在。面包的标准和度量的标准是最古老的关于英格兰货物尺寸和重量的规定之一。人们可能会质疑，行业行会的成立是基于地方行政权力的需要，而不是基于居民自愿结社的原则。不管怎样，如果行业行会是居民自愿结社组建的，那么我们可以明白行业行会受政府青睐和扶持的原因。

37●国家控制商业发展 总体而言，以上叙述就是爱德华一世统治时期英格兰城镇及英格兰城镇制度的特点。对城镇间往来了解得越多，我们就越能看出每个自治城镇自成体系的特点，以及自治城镇对外来者的排他性。无论来到城镇的人是外国人，还是其他地方的英格兰人，城镇居民都习惯用“外地人”来称呼他们。在剑桥附近的斯陶尔布里奇集市上，就商业目的来说，来自诺里奇的商人的法律地位，与来自布鲁日或鲁昂的商人的法律地位完全相同。剑桥、布鲁日和鲁昂的人都认可共同的商业法律；支配交易的法则是三地共同的商业法则，而不是英格兰王国的法律。任何情况下，商人所属的团体都被视为商人诚信的保证，无论商人是来自英格兰还是来自其他欧洲大陆的城镇。因此，乍一看，英格兰各城镇间似乎没什么联系或共同感情。

然而，英格兰各城镇间还是有密切联系的。每一种商业习俗都不是单个城镇独立创造的。后来的每个自治城镇都在特许状中获得了特权。在特许状中，某个城镇享有的特权并没有具体列出来，但这些特权被描述成与其他一些地方获得的特权一样。通过城镇享有的特权，我们可以把不同的自治城镇联系起来，并且追溯自治城镇制度的共同起源。德比的习俗源自诺丁汉，诺丁汉的习俗源自考文垂，考文垂的习俗源自林肯，林肯的习俗源自伦敦。至于如何解释习俗，在某些情况下，沿袭了另一个城镇习俗的城镇可能会认为，向习俗起源城镇寻求建议是明智的。在一些欧洲大陆城镇中，沿袭关系似乎包含一种直接的从属关系，但在英格兰城镇中并不存在这种关系。尽管如此，沿袭关系能使我们追溯不同城镇的家谱，可以追溯伦敦、布里斯托尔、约克和赫里福德几种最初的城镇习俗。威尔士边界附近的城镇遵循赫里福德的习俗；爱尔兰的城镇遵循布里斯托尔的习俗；而温切斯特遵循的伦敦的习俗，则在更大范围内得到了采用。紧随温切斯特之后，英格兰南部的许多城镇及纽卡斯尔均采用了伦敦的习俗。自纽卡斯尔采用伦敦的习俗后，伦敦的商业习俗就成了苏格兰各自治城镇的习俗。在苏格兰早期历史中及苏格兰独立战争以前，苏格兰的自治城镇和英格兰的自治城镇有非常相似的商业习俗。然而，在苏格兰人后来的生活和制度中，苏格兰北方城镇受到了法兰西人和佛兰芒人的极大影响，它们采取了一条不同于特威德以南城镇的发展路线。到目前为止，英格兰绝大多数城镇在发展过程中都仿照了伦敦模式。伦敦的公众市政规章传播给了英格兰三分之二的城镇，是公众市政规章制度的源头。地方自治政府普遍实行的公众习俗产生的影响几乎与后来的议会法令产生的影响一样大。事实上，可以说，许多早期贸易立法并没有制订新的便利措施，而是给予已经在许多地方得到认可的规则或构成伦敦的习俗的一部分规则更大的适用范围。1563年，英格兰实行七年学徒制是早期贸易立法只是给予认可的规则更大的适用范围的一个具体例子。

不同城镇的相同习俗使英格兰许多城镇联系在一起；不同城镇也因共同利益联系在一起，因为每个城镇都是英格兰王国开支的主要贡献者。除每年必须向国库定期支付款项外，在紧急情况下，如战争爆发时，城镇偶尔会被国王要求支付额外的款项。爱德华一世统治时期，英格兰最引人注目的事就是组建了城镇安排代表参加的议会。在议会中，“与城镇有关的事情能得到所有人的同意”。议会的召开给了各个城镇团结在一起表达共同意见的机会。通过议会，自治城镇能对政府需要支付的补贴，以及政府对毛织品等出口商品或葡萄酒等进口商品征收的关税税率等问题，表达一致的意见。在许多方面，代议制政府组织都发挥了重要作用，并且对英格兰贸易产生了深远影响。到理查二世统治时期，自治城镇已足够强大，是影响英格兰商业政策的主要因素。理查二世统治时期之后，英格兰的商业政策和发展方向更多地取决于议会为整个国家做的决定，而不是取决于各自治城镇为城镇发展表现出的才智。从15世纪开始，英格兰工业财富的获取和促进英格兰商业发展的主要责任逐渐从地方自治政府转移到议会和行政机构上。无论行政机构是否为地方机构，行政机构的权力都来自在国家政策中起决定作用的议会。

然而，议会权力的增长过程非常缓慢，是以牺牲地方自治政府的权力为代价的。不管怎样，14世纪，议会的事务范围仍然有限，没有影响到地方自治政府的权力。我们还了解到，爱德华三世统治时期，地方自治政府出现了新动态。15世纪，一些城镇继续繁荣发展，但城镇的历史经历了许多变迁，黑死病对许多地方的繁荣造成了沉重打击。农民起义和玫瑰战争[①]必定会伤害许多与战争无关的人。毫不奇怪的是，我们发现，都铎王朝统治时期，从物质生活如街道和房屋等方面看，从社会生活如制度等方面看，许多城镇陷入了严重衰退。然而，当英格兰的商业在伊丽莎白一世统治时期重新焕发生机时，我们可以更清楚地看到，议会在权力上取得了很大进步，而地方自治政府在很大程度上退居幕后。当我们更详细地审视一种制度时，关于制度演变过程的总体陈述就变得更清晰了。

38●手工业行会与地方自治政府、商业行会的关系 自治城镇已成为商业中心。有证据表明，14世纪，自治城镇获得了进一步发展，成了工业中心。因此，相应变更自治城镇的机构变得很有必要。新机构也许可以恰当地描述为将商人组成的行会专业化，形成多个新组织，即所谓的手工业行会。手工业行会的显著特点是成员不仅都从事同一种工艺，而且有权在一定范围内监督从事的工艺。监督工艺的特权有时是国王授予的，有时是外部势力授予的，如外部势力授予了埃克塞特的裁缝监督裁缝工艺的特权。不过，建立手工业行会并不是一个明智的做法。因为在一个城镇里，任何在王室庇护下联合在一起的工人团体，在与从事的职业有关的问题上，不受地方自治政府的管辖。因此，手工业行会很容易与地方自治政府产生分歧，引发骚乱。到目前为止，最常见的一种手工业行会是由城镇的最高行政长

① 指1455年到1485年英格兰国王爱德华三世的两支后裔兰开斯特家族和约克家族为争夺英格兰王位而发生的内战。——译者注

官市长授权组建的。在市长授权组建手工业行会的情况下，为了城镇居民的共同利益，市长可以时常修改手工业行会成员制订的规则。埃克塞特的鞋匠提交给市长的行业规则获得了市长的同意，他们享有一年内按自己制订的行业规则制造商品的特权，但不能执行那些没有预先提交给市长和市参议员并获得批准的规则。就我们知道的事实来说，赫尔的砖瓦工制订的一些条例就没有得到市长的允许和同意。不过，在市长的监管下，手工业行会仍有非常广泛的权力来管理成员的贸易。手工业行会的监督者有权行使检查权，以确保成员在制造商品时使用优质材料，生产过程得到良好执行。手工业行会的监督者还采取措施确保工人接受正规的学徒培训，并且制订了关于劳动时间和工人福利的规则。手工业行会的目的是确保公众利益，确保工作由具有资质的人妥善完成，并且确保较好地完成工作的、具有资质的人得到合理的报酬。总体上看，14世纪到15世纪初，手工业行会似乎成功地履行了职责，尽管城镇人口中很可能有很大一部分人是缺少技能的帮工，他们几乎没有从手工业行会中获得好处。手工业行会主要关注的是不同等级的熟练工人的工作。

手工业行会非常依赖地方自治政府。对地方自治政府的依赖是手工业行会区别于12世纪的织工行会及后来的特许行会和专属行会的显著特点。不过，要确定手工业行会与早期的地方自治机构、商业行会或商业公会的关系非常困难。部分原因是，14世纪，手工业行会的活动痕迹非常微弱和模糊。根据查尔斯•格罗斯博士的研究，14世纪，商业行会似乎不再积极参与商业管理，尽管商业行会在名义上仍然存在，并且参加城镇的庆典活动，如普雷斯顿的商业行会每二十年会举办一次集会。当听到关于手工业行会的形成和发展的很多消息时，我们几乎没有再听到关于12世纪特许状中那些表现卓越的商业行会的消息。这表明，在英格兰，手工业行会和商业行会两个团体并没有发生激烈对抗。事实上，更有可能的是，随着一种或另一种工艺的发展，手工业行会逐渐成立，以前由商业行会执行的一部分贸易规则变成了由手工业行会执行。因此，我们应把手工业行会视为商业行会的特殊形式，而不是取得成功的竞争对手。

显然，14世纪那些享有手工业行会正式成员资格的人，与13世纪享有商业行会正式成员资格的人有相似地位。享有手工业行会正式成员资格的人是工匠，也是商人。作为工匠，他们必须购买材料和工具；作为商人，他们希望出售自己的劳动成果。因此，他们必须参与贸易。我们没有理由相信，12世纪的城镇中，任何阶层的商店老板或商人不从事某种手工职业，何况外国商人也可能是水手。从商业行会成员在从事的职业上花费的时间来看，13世纪商业行会成员的身份很可能首先是工匠，然后才是商人。希伯特先生提供的什鲁斯伯里的商业行会成员名单似乎表明，商业行会成员不仅仅是商人。在任何一个城镇，一部分人从事同一个职业时，从事同一个职业的人就会被市长授权成立自己的手工业行会。这些人对商业行会的一般业务就不是很感兴趣了。从某种意义上说，商业行会的大部分成员组建成了手工业行会。总体来看，原来的管理是通过商业行会执行的，新组建的机构——手工业行会接管了商业行会，并且执行了相同的管理。手工业行会的成员掌握着更有效的工具，但他们并没有失去商业行会成员享有的地位，尽管作为一个大的团体，商业行会已失去自身的重要性。

39●同业行会的崛起 14世纪是手工业行会影响最大和地位最重要的时期。伦敦的手工业行会成员特别有名。伦敦的手工业行会招收了许多贵族作为成员，并且其他成员与贵族的关系特别密切。然而，到了19世纪中叶，我们在伦敦发现了类似手工业行会的新机构形成的痕迹。新机构完全由从事交易的人组成。当然，从事交易的人有识别商品质量的本领，并且混杂销售商品或区分销售商品。从事交易的人是店主或货栈主，而不是工匠。新机构是由专门从事交易的人组成的行会，其中，最突出和最有影响力的行会是杂货商行会。此外，还有一些其他类型的行会，如泰勒行会。杂货商和其他类型的行会成员是批发商，而不是工匠。15世纪，考文垂和其他地方性城镇出现了类似的纺织业行会。早在理查二世统治时期，英格兰政府就试图在伦敦实行专业化的职业分工，禁止从事手工业的人和从事贸易的人互相干涉彼此的事务。重要的同业行会的形成在许多方面引起了民众的兴趣，这主要是因为同业行会表明了定居在城镇中的商人阶层的崛起。集市贸易规模不断缩小，因为贸易正从临时商业中心转移到定期进行商品销售的商业中心。同时，贸易从经常光顾集市的外国人手中转移到拥有城镇专属权利的居民手中。

40●15世纪行会、熟练工和学徒陷入困境 城镇生活的其他方面就不是那么令人满意了。界定每个手工业行会的权限范围存在一些困难。皮革行业涉及多个分支行业，加工制作过程涉及制革工、鞋匠和马具匠，但制革工、鞋匠和马具匠的权限范围并不容易区分。权限范围不清引起了不同的手工业行会间的许多争论。在伦敦，羊毛织工对亚麻织工行使权利的主张提出了异议；与布料制造有关的各个行业似乎都形成了单独的手工业行会，有时似乎多个行业的人组成的多个手工业行会又合并成了一个手工业行会，如15世纪考文垂的手工业行会组建。当时，人们很难明白手工业行会发生变化的原因，也很难理解手工业行会变化可能产生的后果。不过，英格兰也存在与15世纪手工业行会有关的其他争议，有人认为手工业行会有害。已经结束学徒期但还没有在城镇组建起独立家庭的熟练工，似乎对自己的从属地位感到不满。某些情况下，他们曾一度联合起来。最近的研究表明，英格兰的熟练工虽然不如欧洲大陆的“兄弟”成功，但建立了许多自己的手工业行会。熟练工取得了一些暂时性的胜利。在考文垂，熟练工和织工的斗争导致了一种新制度的产生。在新制度下，熟练工组建的手工业行会被认可为永久性但处于从属地位的团体，为主要组织做出了贡献。熟练工虽然是雇员，但都是能工巧匠。帮工没有特别的技能，他们在某些行业中占有较大比例，但关于他们的不满几乎没有记录下来。因此，要区分熟练工和帮工的不满有什么不同并不是一件容易的事。

我们获悉了与学徒职位有关的困境。许多障碍阻碍了城镇居民从乡村招收伙计。黑死病之后，农业的衰退和牧羊业的发展引起了英格兰政府的忧虑。英格

理查二世

兰政府担心耕作面积会大大减少，从而造成粮食供应不足。理查二世颁布了防止乡村青少年向城镇迁移的法令。英格兰国王亨利四世颁布的法令有更明确的防止乡村青少年向城镇迁移的规定，以保证乡村劳动力的供应。理查二世和亨利四世颁布的法令并非一纸空文。牛津的居民显然感受到了理查二世和亨利四世颁布的法令强加于他们身上的种种限制，他们不能像获得特许的伦敦和诺里奇的居民一样不受这些法令的限制。

招收学徒后，精通技能的熟练工在指导时并不总是尽职尽责，有时教得并不是很好。对熟练工的不尽责，学徒有一些合理的抱怨。在考文垂，如果熟练工在指导学徒时被发现存在两次过失，学徒就会被转给其他人去指导。出现两次过失的熟练工至少在一段时间内不允许再招收学徒。学徒来到熟练工的家中，成为其家庭成员。熟练工需要对学徒是否拥有良好的品行负责。因此，学徒制是形成良好治安和秩序的重要因素。同时，学徒制为学徒提供了有益的训练机会，不仅有利于他的技术培训，还有利于他品质的培养。学徒制在培养学徒品质方面的作用受到支持恢复学徒制的人的高度重视。

41●亨利七世与亨利八世时期的手工业行会及国家加强对手工业行会的控制　15世纪末以前，手工业行会组织在维持秩序方面的作用已大大减弱。无论如何，手工业行会并不能有效管束学徒并确保学徒不受当时新诱惑的影响。当时，意大利人在英格兰大规模定居。虽然很难解释意大利人定居的明确原因，但他们在英格兰定居的事实是毫无疑问的。随着意大利人在英格兰定居，英格兰人对外来工人产生了新的怨恨。这种怨恨部分体现在市政法规上，部分体现在学徒煽动的骚乱上。什鲁斯伯里的记录显示，在遥远的内陆也能感受到骚乱引发的困境。1517年，在伦敦，最严重的一次骚乱爆发了。长久以来，人们都认为骚乱爆发的那天是“不幸的劳动日”。在学徒煽动骚乱的事情上，市政当局似乎无能为力；而民众在传教士的煽动下，对外国人发动了有组织的攻击。

此外，手工业行会未能履行自己的公共职责。从我们发现的伦敦手工业行会记录的信息来看，很明显的事实是，尽管手工业行会成员希望拥有专属权力，但专属权力如果不能被用于公共利益，就无助于实现高效率的工作和制造高质量的商品，手工业行会成员也就不会被授予专属权力。然而，早在英格兰国王亨利六世统治时期，人们就对不同城镇的手工业行会拥有不同专属权力的“不公平法令”提出了抱怨。无论是缺乏权力还是缺乏意志，市政当局似乎都难以管理手工业行会。1504年，英格兰政府通过了一项监管手工业行会的法令。制订该法令的目的并不像1437年的法令一样是为了加强市政当局的权力，而是要取代市政当局的权力，将地方手工业行会直接置于国家的监督下。法官将决定可能允许的条例，并且根据允许的条例来仔细审查手工业行会自私自利的行为，因为这种行为会损害公众利益。不过，法官的审查并不能约束手工业行会自私自利的行为。关于手工业行会损害公众利益的不满越来越常见。手工业行会与公众的矛盾越来越激烈。1519年，约克郡的郡长收回了由手工业行会行使的司法权，并且将手工业行会的地位降低了。英格兰国王亨利八世制订的法规表明，学徒和熟练工仍不满当时的制度。

从某种程度上说，手工业行会自私自利的行为使城镇遭受了惩罚。熟练工可能无法在当过学徒的城镇独立生活，他们倾向于迁移到其他地方。伍斯特的制衣工、布里德波特的制绳工和约克的制被单工都有迁移到其他地方的倾向。部分原因可能是因为城镇的税收负担和物价压力。然而，随着熟练工向其他地方迁移的事件持续发生，城镇支付税收款项的难度大大增加。为维护国家的财政利益，英格兰政府试图阻止熟练工迁移。然而，熟练工迁移的趋势非常明显，使16世纪的城镇生活与其说是按照旧模式组织起来的城镇的繁荣，不如说是郊区或庄园的新兴工业中心的发展。原来城镇的衰落反过来对原来的城镇制度产生了不利影响。爱德华六世制订的法令限制了手工业行会在确定工资和物价方面享有的权利。爱德华六世统治时期，政府没收了用于宗教目的的手工业行会的财产。手工业行会没有完全消失，但当它无法实现重要的经济目的时，离消失的时候就不远了。与商业行会成员一样，手工业行会成员只在举行盛大庆典时才出现。伊丽莎白一世统治时期，贸易和工业的控制权已从自治城镇手中转移到了国家设立的机构的手中，尽管国家设立机构主要是为了保护一些地方不受外来移民的影响（64节）。

第 5 章

国民经济生活的开端

42●国王的影响及英格兰与欧洲大陆的贸易　前面章节中，我们偶尔提到了英格兰人在国民生活中表现出的许多特征。自古以来，国王就是国家的中心。英格兰人团结在国王周围，保卫国家。诺曼王朝时期，国王和国库显然处于核心地位。国王和国库构成了整个社会制度的核心，而市长提供的城镇年度账目构成了各个独立庄园与国王之间的联系纽带。国王也是最大的庄园领主，关于庄园管理的所有问题对国王都很重要。民众希望国王能“自食其力”。如果管理得当，王室庄园就能提供国家日常行政管理所需的固定支出。国王还是司法权威的源头，每个庄园通过履行财政义务，与国王的官员接触。国王还是典型的地主，他的职责是负责统一，把各个孤立的因素结合成一个整体。国王的性格和政策体现在所有生活关系中。如果国王无力维持秩序，公众就会遭受私人战争或小压迫者的压榨；如果国王的政策不明智，那么可能会使土地负担过重或过于频繁的征税；如果国王的政府存在大量问题，那么可能会造成王室资源的浪费，让王室一贫如洗。亨利三世统治时期就是政策不明智和政府存在大量问题导致管理不善的典型例证。此时，公众遭受压迫，王室资源遭到浪费。

社会生活中的方方面面，以及王国中的任何地方都受到王室的影响。无论是和平时期还是战争时期，与外交政策有关的一切事务都掌控在国王手中，尤其是英格兰和欧洲大陆国家进行交流的方式。王朝的结盟和对外征服的野心使英格兰很早就与欧洲大陆建立了联系。麦西亚王国国王奥法与查理曼签订条约，为英格兰朝圣者和商人争取了特权，制订了英格兰最早的商业条约。10世纪初，韦塞克斯王国国王阿尔弗雷德大帝的女儿、麦西亚王国王后埃塞尔弗莱德将位于刘易舍姆的庄园赐给了根特的本笃会的大修道院，从而巩固了英格兰和佛兰德斯的关系。在英格兰国王克努特大帝的影响下，英格兰与冰岛、挪威和丹麦建立了更紧密的商业关系。诺曼征服加强了诺曼底与佛兰德斯的联系；安茹王朝时期，英格兰与加斯科涅建立了联系。在佛兰德斯的玛蒂尔达的影响下，英格兰精心组织的与低地国家的交往发展起来。从波尔多的葡萄园定期进口葡萄酒似乎开始于金雀花王朝时期。英格兰国王理查一世的进取心及其在十字军东征中扮演的角色首次把英格兰水手带到了地中海，促进了英格兰与位于其东方的国家的

英格兰国王理查一世

无地王约翰

产品的贸易发展。无地王约翰和亨利三世主要稳固了教皇在英格兰的地位，以及教皇在英格兰征收的税收。因此，无论好歹，几个世纪以来，王权都直接对英格兰和欧洲大陆的经济关系负有直接责任。

43●限制与国外的贸易并推动国内贸易发展 伴随着这些早期的贸易联系，我们发现，英格兰政府实行了一些明确的商业政策。为弥补英格兰本土资源的不足，英格兰政府鼓励外国商人进口其他国家的产品的做法是可取的。诺曼征服以前，英格兰国王的臣民在伦敦的钢材集散市场附近定居，这表明英格兰国王乐于为进口贸易提供便利。现有证据表明，在诺曼征服以前，英格兰政府就制订了引导臣民管理出口贸易的原则。如果英格兰的初级产品能够以有利可图的价格出口，那么把初级产品运到国外是可行的。不过，从时代的角度来看，除非确实有利可图，否则英格兰政府没有必要强制人们进行出口贸易。在诺曼征服以前，英格兰政府就规定了商品的最低出售价格。在高于最低出售价格的基础上，人们可以出口商品；如果人们不以高于最低出售价格的价格出售商品，那么把商品留在国内似乎更明智。当我们记起，英格兰的产品是制作食物和建造住所的必要原材料，不容易因保存不当而受到破坏时，也许就能更好地理解英格兰政府的愿望，即让英格兰人拥有以较低的价格获得商品的机会。另外，英格兰政府坚持让外国人在把商品运出英格兰以前支付一笔可观的费用。爱德华三世制订的关于羊毛贸易的许多法规遵循同样原则，并且以某种形式影响中世纪的许多法规。

就内部监管来说，王室的直接影响在经济上显得不那么重要，但王权通过多种方式引发了经济变化。外国工匠对英格兰工业发展的影响前文已提及。外国工匠是在王室的许可下在英格兰定居的，并且他们在王室的保护下获得了一些特权。

推动城镇发展的每一项措施都得到了王室的批准。12世纪到13世纪，正是因为王室的特许，城镇获得了管理其内部经济的权力。也许在某些情况下，有进取心的城镇居民抓住了王室为必须做的事情而为城镇提供的机会，但爱德华一世建立的自治城镇似乎应直接归功于王室的倡议。关于度量衡或商品质量的最早规定似乎也是王室制订的。英格兰国王亨利一世的功劳在于引入了更明确的度量衡标准和货物质量标准，并且惩罚了那些通过减少货币中贵金属的含量来降低货币价值而使皇室荣誉蒙羞的官员。亨利二世统治时期，根据王室面包师的经验，英格兰制订了面包的法定标准，即根据不同谷物的价格建立了计算标准，以确定一法新[①]可以购买的面包的重量。早在理查一世统治时期，英格兰就制订了度量衡的法定标准，其中包括待出售布料的长度和宽度的规定。随后，英格兰政府还任命了管理者来监督度量衡标准的执行。英格兰制订的度量衡标准和

① 法新为英格兰古代货币单位。——译者注

货物质量标准也许不能证明当时外国对英格兰的布料有一定的需求，但至少可以表明，在工业最不集中、地方团体最孤立和自给自足的早期，政府对外国商业或国内与生产有关的事务并非漠不关心。从爱德华一世统治时期开始，特别是当议会组建起来时，中央当局的核心影响力更显著了。议会管理各种事务，而庄园和地方自治政府的职权被逐渐取代。

44●爱德华一世、国家统一与管理贸易的国家机构 爱德华一世统治时期，英格兰的国民生活得到了进一步发展。爱德华一世企图入侵欧洲大陆，增强英格兰王国的实力。为了使自己的权威在整个不列颠发挥影响力，爱德华一世在威尔士进行了成功的尝试，在苏格兰进行了不太成功的尝试[①]。他力图使整个不列颠服从自己，并且希望可以摆脱外部不可控因素的影响。爱德华一世统治时期的城镇结构似乎表明，大多数外国移民都融入了他们居住地方的日常社会生活。犹太人的宗教信仰和习惯使他们保持一种特殊的独立地位。犹太人被驱逐出英格兰，但英格兰因为驱逐犹太人付出了很大代价——牺牲了王室的收入。与外来传教士一样，教皇反对英格兰王室驱逐犹太人的要求，但其权威遭到了否定。因此，在国家统一得到巩固时，国家制度也得到了完善。包含各个自治城镇代表的议会的组建，是否能起到立竿见影的效果并不重要，重要的是议会使国家的稳定发展成为可能。当时，英格兰政府制订的一些为商人提供治安保护的措施并不令人厌恶。1283年的《阿克顿·伯内尔法令》并没有建立新的债务追讨机制，但它赋予了债务追讨新的性质，体现了国家对债务追讨的重视。至今，各城镇仍存在按《阿克顿·伯内尔法令》追讨债务的习俗。

除了创立各地代表参加的议会制度，爱德华一世还展示了真正的管理才能。他统治时期，城镇构成发生了变化，地方自治政府能够更全面地控制城镇内部的各种不和谐因素，并且减少了与其他城镇的地方自治政府发生争端的概率。

① 成功的尝试指爱德华一世通过武力征服威尔士，将威尔士并入英格兰；不太成功的尝试指爱德华一世率兵入侵苏格兰，导致苏格兰于1296年到1357年爆发了独立战争。——译者注

爱德华一世建立了新财政制度，并且明确规定了贸易往来的特定港口，还指定一部分人来收取贸易商必须支付的关税。爱德华一世统治时期，中央权力机构开始运作，为国内贸易提供了得到很大改善的设施。

45●爱德华三世统治时期的外交政策和商业政策 当王国的实力得到巩固，当国民生活受到内部约束时，英格兰就更有可能制订商业政策，对对外贸易做出系统安排。在爱德华三世统治时期，英格兰商业政策的变化非常明显。爱德华三世执行强势的外交政策，这显然是因为他沉溺于征服欧洲大陆的梦想。毫无疑问，贸易和商业考量有助于决定爱德华三世与法兰西国王腓力六世的斗争形式。英格兰和佛兰德斯因共同的行业利益紧密地联系在一起。英格兰为佛兰芒人的商品加工提供原毛；而佛兰芒人中许多熟练工匠发现于1331年和1336年移民到英格兰对自己

法兰西国王腓力六世

有益。如果英格兰国王成为法兰西国王，并且获得了佛兰德斯城镇的宗主权，那么佛兰德斯城镇的主要居民将热烈支持佛兰德斯与英格兰政府建立商业联系。位于法兰西南部的属于英格兰的领地也从法兰西南部的葡萄园进口原料，以制作葡萄酒和其他产品。在自己的土地上，英格兰人无法种出令人满意的葡萄。因此，爱德华一世想要成为法兰西国王的愿望就变得更容易理解了。因为他如果被承认为法兰西国王，就可以对葡萄种植区拥有完全独立的主权。爱德华一世的目的似乎是要将法兰西南部和佛兰德斯的葡萄酒加工区与英格兰紧密联系起来，使这两个地区共同臣服于英格兰国王。因此，爱德华一世将奠定一个庞大的商业帝国的基础，商业帝国的每一个地区都可以补充、满足其他地区的需要。为了建立和维持帝国不同地区间的自由商业往来，人们希望维护王国的海上和平，并且减少商人遭受海盗袭击的风险。基于以上理由，爱德华三世提出了对海洋主权的主张，并且通过发行在佛兰德斯和英格兰同时流通的玫瑰贵族金币来表达该主张。

爱德华三世的行为证实了曾在爱德华一世及其谋士脑海里浮现过的计划。爱德华三世坚持宣称自己为法兰西国王，而当法兰西无力抵抗时，他没有进一步施压来获取法兰西王位，并且通过法兰西王位来获得更多的领土。这似乎表明，征服更多的领土不是爱德华三世的主要目的。1360年，当《布勒丁尼条约》签订时，情况发生了变化。爱德华三世并不完全赞成建立庞大商业帝国的计划，他似乎满足于通过牺牲自己在佛兰德斯的抱负来获得苏格兰的攻击豁免。爱德华三世的计划看起来具有政治家的风范。爱德华三世统治时期，英格兰商业取得了很大发展，几乎足以证明爱德华三世后来被称为“英格兰商业之父”是准确的。

46●外国商人及支柱产品 爱德华三世采取的外交政策很恰当。这一恰当的外交政策有助于解释爱德华三世对待英格兰的外国商人时采用的办法。只要外国商人向英格兰提供来自国外的有用产品，同时只从事批发贸易，在零售和国内贸易方面不与英格兰人竞争，他们在英格兰就会一直受到欢迎。统治期间，爱德华三世想要鼓励民众与佛兰德斯和加斯科涅进行频繁的商业往来。由此，外国人获得了最大程度的优惠待遇，英格兰的航运贸易都落入他们手中。同时，外国商人参与了许多英格兰国内事务。邀请和鼓励外国织工移居英格兰，同时鼓励其他外国人从事织工以外的职业，这些都可以视作爱德华三世对外国人的政策的一部分。然而，外国人享有特权引起了英格兰人对他们的强烈嫉妒。在爱德华三世统治之后的时期，英格兰人对外国人的嫉妒开始产生影响。当时，在很多方面，由于英格兰人反对爱德华三世的政策而出现的负面影响都得到了体现，并且反对爱德华三世的政策的行动得到了议会的支持和英格兰政府的同意。

然而，在城镇制度改革方面，爱德华三世颁布的法令产生的影响比他制订的对外国人的政策产生的影响更持久。爱德华三世全面改革了主要城镇的制度，为它们注入了新的活力。所有英格兰商品都应运送到主要城镇，主要城镇的英格兰商人应与欧洲大陆的商人做生意。很早以前，主要城镇就形成了共同的商业政策体系。迦太基是西地中海和非洲大部分地区商品进行贸易的主要城镇。意大利、希腊和爱琴海贸易城市的商人都受到迦太基的舰队的强迫，他们频繁往来于迦太基，并且被禁止与西班牙或西班牙势力范围内其他城镇直接进行贸易。挪威采取了与迦太基类似的方式。卑尔根是挪威的主要城镇，它的商品主要是从北海运过来的。其他地区的欧洲商人如果想参与北海商品的贸易，就只能在卑尔根进行。当然，贸易集中在某一个城镇有利于税收的征收。15世纪，从主要商品获得的税收收入是王室收入中非常重要的一项。不过，从商人的角度和财政的角度看，主要城镇的制度如果不利于贸易发展，就不会得到推广，也不会长久存在。当商品流通疲弱、时断时续时，把商品集中到一个流通渠道上可以获得实际贸易优势。买卖双方都确信商品会拥有良好的流通市场，同时希望能以满意的价格购买和出售商品。政府有可能为商人提供特权，使商人的商品和货仓免受随意勒索，并且使他们能通过简单的法律程序收回债务。尽管英格兰最终采纳了主要城镇的制度，但我们有理由相信，爱德华三世的谋士并不清楚主要城镇制度在其统治早期的合理性。即使在1353年主要城镇被重新确定后，人们仍然怀疑，把英格兰的某个城镇或欧洲大陆的某个城镇作为英格兰商品的仓库是否明智。最终，英格兰人将横跨英吉利海峡的英格兰小镇加来作为英格兰商品的仓库；主要城镇的商人组成了英格兰商人中的第一批大型商业行会。第一批大型商业行会享有经营对外贸易的某个分支行业的特权。主要城镇的商人经营四种主要商品：羊毛、羊皮革、兽皮和铅。正如我们看到的，主要城镇的商人经营的主要商品都是原料产品，他们用船将原料产品运到主要城镇加来进行加工处理。实际上，主要城镇商人的工作一直非常重要，尽管随着英格兰人在工艺知识方面的进步，以及由于主要城镇的商人在英格兰国内进行加工制作，英格兰不再大量出口原料产品，主要城镇商人的工作的重要性有所减弱。加来商品仓库地位的丧失结束了英格兰商人在加来的活跃贸易，尽管商人在加来仍有一定地位。大型商业行会虽然失去了昔日辉煌，但至今仍未消亡。

47●理查二世统治时期英格兰欣欣向荣 理查二世统治时期，英格兰的国民经济进入了一个新阶段。各种因素在发挥作用，但大多倾向于把英格兰的商业从在集市上做生意的外国人手中转移到在城镇做生意的英格兰商人手中。富有的英格兰本地商人阶层引起了人们的注意。本地商人阶层有足够大的影响力，他们可以影响议会的议事进程。

在前文中，我们关注了英格兰国王的个人影响力，但14世纪末是有影响力的公众舆论开始影响经济立法的时候。公众舆论对经济立法的影响在1376年的“良好议会”中可能只是有所体现，但在理查二世统治时期就体现得很明显了。随着时间的推移，公众舆论建议的经济政策和国王及其顾问推行的经济政策出现了严重分歧。然而，在15世纪，议会和国王总体上似乎是相互配合的，尽管国王的个人品质不再特别重要。有迹象表明，自理查二世统治时期开始，英格兰就有了真正的公众舆论。公众舆论不一定是广大公众的意见，它只是体现了作为富裕居民的地方贵族的共同意见。

理查二世统治时期，前文所述的国家行政机构取代地方行政机构的进程已取得很大进展。此时，在英格兰各地实施相似的贸易法规，甚至实施相似的贸易政策的可能性比理查一世时期要大得多。

48●经济繁荣与政治权力 不过，最重要的是，我们注意到爱德华三世推行的政策被孙子理查二世明确地抛弃了。我们还发现，理查二世推行了另一条路线，这一最终被采纳并经常实行的路线被称为重商主义。然而，没有证据表明，都铎王朝以前，重商主义是经过审慎思考和刻意遵循的路线。

在实施重商主义的同时，英格兰可能在当时的公众压力下引入了一些不同制度，因为不同制度有利于满足英格兰商人的愿望。即使重商主义的新政策是断断续续实行的，也足以说明理查二世有意抛弃爱德华三世支持的政策。后来，重商主义被系统化。例如，都铎王朝时期，重商主义被视为商业政策，目的是确保英格兰可以获得大量外国商品，同时增加英格兰王国的实力。正如弗朗西斯·培

弗朗西斯·培根

根指出的那样，将重商主义作为商业政策是理查二世统治时期与以前的统治时期的政策的关键区别。爱德华三世实施了一系列便于外国商人进入英格兰从事贸易的政策，因为外国商人能用船带来大量外国商品。爱德华三世完全没有预料到英格兰目前的自由贸易政策，而实施自由贸易政策是为了让英格兰消费者能够得到大量外国食品和材料。另外，那些提倡重商主义政策的人的目标是巩固王国的政治权力。为了实现巩固王国政治权力的目的，支持重商主义政策的人愿意牺牲生产者的利益，愿意牺牲消费者的舒适和品味。

巩固王国的政治权力的目的，在一定程度上有意识地支配了英格兰王国几个世纪的经济政策。当我们牢记英格兰的经济政策是为了巩固王国的政治权力的目的时，17世纪到18世纪英格兰许多琐碎的立法就变得可以理解了，尽管我们仍认为当时的立法并不明智。经过深思熟虑的重商主义制度建立在以下原则之上：商业制度不是为了商业利益而扶持工商业，而是试图引导工商业朝着有利于巩固国家政治权力的方向发展。在西班牙、法兰西、荷兰和其他地方，类似的使工商业发展为巩固国家政治权力服务的政策很普遍，但英格兰的经济政策采取的特殊形式是由国民生活的特殊条件决定的。一个岛国只有成为海上强国时，它才能拥有强大的防卫能力或攻击能力。因此，发展英格兰航运业和鼓励英格兰的商业发展逐渐成为英格兰经济政策中最突出的特点。

政治实力需要依次考虑三个因素。首先，英格兰必须能获得足够的食物，以维持和养育身体素质良好的人口，并且从身体素质良好的人口中选取士兵和水手。其次，王室国库必须有足够的资金或财富以应付出现的任何紧急情况。作为一个没有矿藏的国家，英格兰只能通过审慎监管工业和贸易来实现财富的积累。最后，同样重要的是，英格兰有必要发展航运业及其附属行业。不同时期，为加强国家各个方面的实力，英格兰付出了巨大努力。要把影响政治实力的三个因素完全分隔开是不可能的，因为在英格兰的工业生活中，每一个因素都有双重影响，一个方向上获得的成功往往会对另一个方向产生有利影响。因此，英格兰首先需要获得足够的食物供应，其次发展工业，再次实现商业发展在一定程度上是独立的目标，最后商业发展应遵循一个基本政策，即商业发展需要有意识地与王国的进攻力量和防御力量联系起来。针对以上几个要点，我们也许可以方便地依次进行讨论，并且说明中央政府如何采取强制手段对每一个要点施加影响。

第 6 章

国民经济生活的各个方面

一、食物供应

49●乡村人口向城镇迁移 自理查二世统治时期起，英格兰出现了一些特殊情况，引起了人们对英格兰粮食供应的担忧。黑死病结束后，乡村社会的混乱和牧羊业的发展似乎预示着一场大范围的灾难即将来临。如果土地荒芜，英格兰人就不可能获得足够食用的谷物。因此，为鼓励耕种，英格兰政府采取了一系列立法措施。

早期鼓励耕种的法规包括限制性法律。限制性法律是为了防止乡村人口向城镇迁移而制订的。某种程度上，限制乡村人口向城镇迁移是国家出于军事需要而采取的安全措施。因为人们普遍认为，乡村生活有利于人口的增长。另外，战争期间，具有良好身体素质的乡村人口能更好地为国家提供服务。同时，由于乡村人口的迁移导致沿海地区人口减少，沿海地区留下的人大多从事牧羊业，而绵羊和牧羊人无法有效抵抗敌军登陆。因此，沿海地区人口的减少是军事上的危险信号。不过，限制乡村人口向城镇迁移的措施的主要目的是使乡村拥有足够的劳动力进行耕种。尽管在某些情况下，为了给羊群提供土地，那些准备进行耕种的人被从他们的土地上赶了出来。14世纪，人们经常抱怨在农业区很难找到劳工。当代对乡村人口涌向城镇有多种说法，但乡村人口涌向城镇不是新出现的现象。14世纪，英格兰政府就曾努力阻止乡村人口涌向城镇。理查二世统治时期，英格兰的立法只涉及成年劳工向城镇迁移，但在亨利四世和亨利六世统治时期，英格兰政府采用严格措施，防止乡村劳工的孩子成为城镇学徒。英格兰政府努力让乡村正在成长的一代留在他们的土地上。牛津居民抱怨当地行业的衰落，抱怨他们为获得政府允许从乡村招收学徒的特权做的徒劳努力。从牛津居民的抱怨中可以看出，英格兰政府为防止乡村人口向城镇迁移的措施并非无效。1563年，伊丽莎白一世颁布了重要的《工匠法令》[①]，防止乡村人口向城镇迁移的原则被

伊丽莎白一世

① 该法令又被称为《学徒法令》。——译者注

亨利八世

采纳。为培训乡村孩子从事那些不是农业但附属于农业的其他行业的工作，英格兰政府提供了特殊设施。到目前为止，英格兰一直执行不同行业技工所带学徒有不同规定的政策，并且付诸实践。不同行业技工所带学徒规定的不同是导致家庭生产制衰落和工厂发展的重要因素。家庭生产制衰落和工厂发展一直持续到1804年。

50●限制牧羊业发展 在英格兰法令中，我们发现了另一种有利于耕作和阻止牧羊业发展的方法，那就是限制一个人可以拥有的羊的数量。亨利八世统治时期，一个人拥有的羊的数量限制在两千只以内。爱德华六世支持亨利八世制订的限制政策。不过，我们很难知道英格兰政府是如何执行限制个人拥有的羊的数量的政策，因为逃避该限制政策并不困难。英格兰政府还制订了一系列与限制个人拥有的羊的数量的目标类似的措施。一定时期内，英格兰政府制订的鼓励耕种的措施使庄园领主有责任重建所有过去破败的、用于耕种的房屋。鼓励耕种的措施是在1517年英格兰政府进行了官方调查后宣告实施的。该调查显示，过去二十八年[①]里，乡村人口大量减少。伊丽莎白一世执政期间，羊毛价格总体来说非常高。此时，英格兰政府也采取了类似的限制牧羊业的措施。1592年，随着羊毛价格的下降，弗朗西斯·培根认为，造成乡村人口减少的原因不再存在了。然而，1593年到1597年，随着羊毛价格的上涨，为发展牧羊业而驱逐该土地上的人口的趋势再次出现。不过，英格兰国王詹姆斯一世统治早期，限制个人拥有的羊的数量的措施已停止实施，它也不再有实施的必要。

51●维持谷物的高价 英格兰政府还制订和实施了其他鼓励耕种的措施。伊丽莎白一世统治时期，英格兰实行的最受欢迎的措施就是确保农民在出售谷物时有利可图。获得廉价食品的传统做法已体现在梭伦的立法和禁止出口中[②]，但在可以选择耕种方式和耕种范围的国家，限制出口往往会自取灭亡。早在理查二世统治时期，英格兰政府就提出了更明智的做法，就是给予出口更大的自由，尤其是在谷物价格非常便宜的时候。在可以更自由地出口产品后，即使是在丰年，农民出售谷物也能获得一定的利润。允许自由出口的政策体现在1689年英格兰国王威廉三世颁布的著名的关于谷物出口奖励金的法令中。在确保农民出售谷物时能获得一定利润方面，该法案取得了惊人的成功。谷物可能不像以前那么便宜了，尤其是在丰产的年份。不过，谷物价格非常稳定地保持在中等水平，为农民带来了较大的利润。在获得较大利润的情况下，农民被鼓励以更大规模和采用改

① 指1489年到1516年。——译者注

② 梭伦的立法规定，除了橄榄油，所有食品原料均不得出口，以保证有足够的农产品来满足居民的需要。——译者注

进的方法来耕作。非常多的土地被用作耕地，即使在不适宜谷物生长的季节，英格兰国内的谷物也供应充足，谷物价格几乎没有上涨。

52●谷物供需发生改变 鼓励耕种的政策尽管已很好达成目的，但不可能无限期推行下去。只有在农民拥有大量土地并付出适度的种植成本进行耕种时，鼓励耕种的政策才是可行的。随着人口增长及人们对额外食物的需求，只靠英格兰国内的人口购买谷物，农民难以获得丰厚报酬。直到1773年，英格兰才完全实现自给自足，并且向瑞典和其他国家出售部分剩余谷物。不过，1773年到1793年的某一段时间，英格兰的谷物需求和供给几乎是平衡的。这段时间里，英格兰的谷物很少出口，甚至常常需要少量进口（118节）。自1793年起，英格兰谷物供需平衡的状况发生改变，它开始经常性地依赖外国提供食物。因此，国家生存问题呈现出新的形式。为完全不同的情况制订的《谷物奖金法案》不再起作用。

53●谷物短缺与补贴制度 18世纪最后十年，英格兰政府难以为英格兰人提供足够的食物。有时连续几个季节，农民的收成都很差；战争期间，英格兰人很难从国外获得自己需要的谷物。穷苦劳动者面临可怕的痛苦，想出了各种各样的方法来应对食物的不足。富人限制家庭谷物消费的努力可能可以为穷苦劳动者带来一些好处。因此，肯辛顿的居民曾决定放弃食用糕点。富人的做法虽然证明了他们对穷人抱有同情，但对穷人能获得更多粮食的作用比较小。英格兰存在按物价计酬法来调整工资的要求，以使工人有更多收入来购买粮食，这种要求得到了许多人的支持。作为救济措施，调整工资的方案看似可行，但实际上行不通。调整工资只会增加人们对谷物的有效需求。在谷物价格很高的情况下，调整工资只会导致谷物价格随着工资的每一次上涨而越来越高。在使乡村人口陷入贫困方面，英格兰政府最终采用的方法产生了灾难性后果。向收入低于公认最低生活标准的工人提供补助是1795年由伯克郡的治安法官提出的。根据《1782年吉尔伯特法案》，英格兰政府为收入微薄的工人提供补贴。政府为工人提供补贴似乎是对付困难最直接、最不扰乱正常贸易的常规办法。不过，这显然只是临时采取的办法。如果政府为工人提供补贴只是临时的，那么政府可能会以最低成本的方式来实现目的。然而，战争的继续加上机器纺纱机的引入使乡村的就业机会减少，使英格兰不可能再恢复旧秩序。政府补贴、人们信心的缺乏和贫穷的影响，成为英格兰工业体系的组成部分。政府补贴确实帮英格兰工人度过了最困难的时期，但代价是乡村劳动者的道德品质严重下滑。

54●1815年《谷物法》实施的理由和影响 在英格兰议会决定接受英格兰大部分粮食供应长期依赖外国谷物的立场前，围绕粮食问题，英格兰国内存在许多争议。为从国外进口粮食，英格兰牺牲了许多利益。外国谷物是英格兰用工业成果和矿产财富换来的。由于战争，英格兰拒绝接受外国的谷物，这使乡村阶级如庄园领主、农民和自耕农都很富裕。由于谷物价格很高，乡村阶级并没有真正感受到物价的大幅上涨。对乡村阶级来说，进口外国谷物和谷物突然降价将意味着破产（120节）。据说，农业利益遭到破坏后，随之而来的是农业劳动者更加深重的苦难。18世纪早期的类比似乎表明，人为干涉使农业有利可图，会使所有乡村阶层富裕起来，也会使手工业者生活舒适，只要乡村阶层和手工业者得到足够的报酬。关于18世纪早期的类比是错误的，因为情况已发生很大改变，英格兰的土地不再能提供充足的国内粮食供应，也不再有多余的粮食可供出口。尽管如此，到目前为止，为工人提供补贴的方案似乎可行。1815年，英格兰议会通过了《谷物法》，规定当英格兰国内谷物价格低于八十先令每夸特[①]时，禁止从外国进口谷物。土地产品的利益获得了保障，土地产品的利益获得者倾向于主张提高工资来解决制造业城镇的困境。

不过，提高工资的方法难以实行。拿破仑战争的结束并没有为英格兰商品打开任何新市场。在拿破仑战争结束以前，英格兰商品被偷运到被英格兰政府禁止出口的国家，而拿破仑战争结束以后欧洲大陆国家的贫困阻止了它们对英

① 夸特为欧美国家容量计量单位。——译者注

格兰商品的所有积极需求。除了拿破仑战争的影响，还有一些其他因素导致英格兰商品难以在欧洲大陆打开新市场。在欧洲大陆的其他国家中，有一些国家除了谷物几乎一无所有，它们没有能力购买英格兰商品，而《谷物法》禁止这些国家用自己仅有的谷物购买英格兰商品。由于国外需求减少，英格兰制造商无法提供更多的就业机会，更不用说提高工人工资了。即使是在英格兰国内市场，收入微薄和食品价格的高昂也使工人阶层不可能像以前那样把钱花费在工业制成品上。《谷物法》降低了外国对英格兰商品的需求，并且导致商品价格提高而减少了国内需求。因此，以科布登和布赖特为首的制造商要求废除《谷物法》。制造商竭力主张废除《谷物法》，因为它只能带来不利的影响，并且制造业的繁荣将使英格兰能够购买到足够数量的食物。1815年，英格兰政府为维护土地权益颁布了《谷物法》。1846年，为维护制造业权益，《谷物法》被废除。根据英格兰政府于

1846 年，议会废除《谷物法》

1846年实行的新政策，英格兰粮食的主要来源并不是国内生产的，而是从国外购买的。维持英格兰商业在世界上的主导地位和英格兰制造业的成功对维持英格兰的国家生存必不可少。

55●《谷物法》被废除的政治后果和经济后果 当英格兰政府废除《谷物法》实行新政策后，有一部分人认为，英格兰对国外粮食供应的依赖具有严重政治危险。战争时期，对手可能会切断英格兰的粮食供应，通过使英格兰人挨饿而达到让其完全屈服的目的。到目前为止，外国切断英格兰粮食供应的担忧还没有在现实中出现。关于外国可能会切断英格兰粮食供应的警告也没有引起多少人注意，因为从1815年滑铁卢战役以后的二十年经验可以清楚地看出，《谷物法》存在种种弊端，没有使英格兰真正实现自给自足，也没有使英格兰完全免于粮食供应不足的危险。除了政治问题，可以说，英格兰的经济繁荣程度远远高于过去，但经济繁荣的基础没有过去那么稳定。一个国内有自己的粮食资源和生产资料的国家，面临的风险要比一个依赖外国供应粮食和生产资料以满足生存需要的国家要少。雅典工商业的突然崩溃[①]，至少为英格兰提供了警告：只能通过高效率的海上贸易来获取粮食和原材料的社会都存在内在弱点。

二、工业生活

56●工资标准 回顾17世纪和18世纪的历史，我们不难发现，在工业管制方面，同经济生活的其他方面一样，提高国家实力是政府首要考虑的问题。政府尽一切努力为人们提供就业机会，以维持预期的从事工业的人口数量，从而促进工业发展；我们可以得出清晰结论：工业发展有利于贵金属的流入，从而为王室国库

① 雅典拥有高度发达的工商业和手工业，但所需粮食、手工业原料均依赖进口。在伯罗奔尼撒战争中，雅典战败，它的粮食贸易路线被敌方占据，粮食进口受阻，对外贸易通道也由其他国家掌控，工商业从此衰落。——译者注

提供积累财富的途径。关于工业发展有利于贵金属流入的相关看法将在下文提到。同时，更重要的是，我们要注意到国家监管机制是如何逐渐形成的，并且国家监管机制是如何牢牢控制工业生活的各个方面。国家管理人员开始更有效地开展迄今庄园和市政当局在商品质量方面做的工作，并且对商品质量、劳动环境和劳动待遇做出更明智的规定。

黑死病使议会首次认识到商品质量、劳动环境和劳动待遇等问题。在黑死病之前出现的关于工作时间或农工报酬方面的问题，显然是各个庄园按照各自风俗来决定造成的。1351年，爱德华三世颁布的《劳工法令》确定了某些职业的日常工资标准，并且该法令被委托给治安法官执行。治安法官还拥有确定少数职业工资标准的自由裁量权，到理查二世统治时期（1389年），治安法官被授权可以评估更大范围内职业的工资水平，并且根据工作时间的长短来确定工资金额。随后的统治时期，治安法官的职责一般局限于公布和执行法定税率。议会将法定税率基本固定下来或限制在一定范围内。偶尔，治安法官会被授权评估和公布工资标准。1563年，伊丽莎白一世颁布的《工匠法令》，明确规定治安法官必须推行学徒制和负责征税，并且对那些玩忽职守的治安法官处以严重的惩罚。英格兰内战[①]以前，英格兰各地似乎都在认真实施《工匠法令》的规定。枢密院偶尔会向地方自治政府施加压力，要求其履行《工匠法令》规定的职责。17世纪末，在实践中，《工匠法令》规定的做法并没有得到遵守，尽管在约克郡和其他一些地方似乎还保留着《工匠法令》规定的做法。显然，18世纪初，《工匠法令》并没有得到广泛推行，尽管什罗普郡偶尔会采用《工匠法令》规定的做法。另外，1728年和1756年，为维护布料行业的利益，格洛斯特郡试图实施与《工匠法令》规定的做法类似的政策。这表明在格洛斯特郡，《工匠法令》规定的做法被忽视了，几乎无人知晓。

---

① 指英格兰资产阶级革命。——译者注

18世纪末，大萧条时期，食品价格非常昂贵，人们获得的酬劳非常微薄。议会建议修改原来的法律，并且将确定最低工资标准的责任强加给治安法官。前文已指出反对提高工资的一些理由。显然，突然提高工资的做法可能还会导致所有老年人或效率低下的人遭到解雇，因为他们的工作不值得支付高工资。议会建议修改原来的法律似乎是最后一次试图恢复乡村最低工资标准。困难时期，兰开夏郡的棉纺操作工把修改后的法律条款作为确保实现自己目标的依据——法律规定的“最低工资”应为棉纺操作工能获得的最低工资。雇主和治安法官似乎都赞成执行最低工资标准的方案，但议会反对，并且于1813年废除了要求治安法官调整工资的条款。从爱德华三世统治时期到1813年，自由主义方针取得胜利。早期由不同庄园按各自习俗调节最低工资的政策，作为国民福利的重要部分，成为特定监督对象，由王室委任的官员监督执行。最低工资标准和许多其他方面的问题都有待私人协商和自由竞争来调整。

57●伊丽莎白一世统治时期的贫困救济制度 伦敦和其他城镇采用的救济穷人的方法，为都铎王朝的立法提供了参考。从中世纪的常规做法中，都铎王朝几乎得不到任何关于立法方面的帮助。我们听到的最多的慈善活动是修道院发放施舍。同时，大部分乡村人口被束缚在土地上，但他们拥有土地。乡村贫困问题肯定与英格兰目前必须面对的问题大不相同。都铎王朝统治时期，牧羊业的发展和乡村就业机会的减少，再加上其他原因，使英格兰政府有必要建立常规贫困救济制度。议会鼓励教会管理者处理贫困问题。作为教会属地的一部分，教区被视为需要处理贫困问题的区域。教会官员、教会执事最初被授权可以强制筹集资金来救济穷人，尽管后来英格兰政府任命了监督员。1601年，英格兰建立了新的国家制度，来满足救济穷人的需要。英格兰内战以前，枢密院和治安法官似乎有效地监督了教区掌权者应履行的职责。18世纪至1834年中央权力机构再次改革穷人救济制度以前，在救济穷人这件事上，各教区实际上是独立进行的。

58●1662年的《教区定居法》 不同教区的可用资源差别很大。17世纪，流浪汉倾向

英格兰国王查理二世

于固定停留在某个拥有大量公共荒地、物资储备也很多的教区。为防止不同教区由于可利用的资源不同导致救济穷人时出现不公平，1662年，英格兰国王查理二世通过了《教区定居法》。该法详细界定了每个教区应负责救济什么样的穷人。《教区定居法》的措施产生了许多意想不到的灾难性后果。每个教区都防止外来者在其管辖范围内居住。外来者如果面临某种危险，需要到教区内居住，就需要支付费用。《教区定居法》导致了新障碍的产生。这种新障碍几乎和农奴制一样，把劳工束缚在自己的家乡，不让他们到其他地方寻找更好的工作。

不同教区间的相互嫉妒和降低税收压力的愿望，有时会导致教区管理者残酷对待穷人，甚至会对一些庄园领主的村舍发动战争。一些开放的教区有许多小私有者，在救济穷人方面，他们没有共同的做法。小私有者建造了许多房子。那些被附近教区赶出来的佃农就住在小私有者建造的房子里。在收取外来者费用方面，诺福克的阿克里城堡因收取过高的费用而声名狼藉。19世纪，阿克里城堡的做法非常不道德。它组织了一群孩子。这些孩子被雇用到人口稀少的教区从事田间劳动，他们的地位比奴隶好不了多少。1843年，雇用孩子到人口稀少的教区从事田间劳动，这一异常严重的罪恶行为引起了人们的关注。

59●穷人就业 英格兰还存在其他与贫民救济有关的弊端。救助穷人是以院外救济[①]的形式提供的，但在管理救助穷人的方法上，英格兰存在无情的严格管理和不适当的宽松管理之间奇怪的摇摆。17世纪到18世纪，英格兰政府通过提供工作，努力寻找一种可以把懒惰的人和真正不幸的人区分开来的方法。17世纪，英格兰政府采取的区分懒惰的人和真正不幸的人的主要方法是教授贫困人群纺纱。由于地方自治政府努力普及纺纱技术，纺纱技术在18世纪以惊人的速度得到了广泛传播。17世纪末，贫困人口激增。贫困人口激增引起了广泛恐慌，使英格兰政府进行了建立济贫院的尝试。在济贫院，成年的穷人可以找到工作。不过，他们很难获得报酬。18世纪初，穷人能够获得收入与济贫院的关系不大，而是因为当时农业条件的改善，以及美洲殖民地对身强力壮的劳动力的需求。这些情况加上后来普遍采用的、严厉的行政管理制度，以某种无情的方式遏制了贫困人口的激增。不过，到19世纪末，人们支持政府给予穷人更好的待遇。1782年和1795年，英格兰政府采取了两项救助穷人的政策：允许组建吉尔伯特群体[②]，以便更好地管理资金；允许地方治安法官从税收中给劳动者发放补贴，以增加劳动者的家庭收入。

---

① 院外救济是指英格兰政府给予居家的穷人现金、衣服、食物和燃料等。院内救济是指成立济贫院救济穷人，老弱病残者可以在济贫院内解决温饱问题；有劳动能力的贫困者可以在济贫院学习技术，提高劳动素质。——译者注

② 吉尔伯特群体是在救贫税管理人员帮助下找到工作的贫困人群。——译者注

60●发放补贴与新的救济制度　前文中，对英格兰政府采取发放补贴这一措施引发的灾难性物价上涨的局面，我们已描述过。然而，在政府发放补贴的同一时间，“羊毛荒”使许多纺织工人失业，或被迫以零报酬工作。补贴本来只是一种临时措施，用以暂时代替妇女和儿童的收入。然而，由于英格兰国内纺织工业后来未复苏，提供补贴的临时措施便成为永久性制度。19世纪前三十年，院外救济主要倾向于照顾贫民阶层。

各种各样的不幸，使1834年英格兰政府有必要采取严厉的措施改革救济制度。英格兰政府设立了一个中央委员会。中央委员会对救济制度实行广泛控制，使不同地区的贫困救济管理更统一。19世纪前三十年是英格兰乡村和城镇都面临巨大困难的时期，在国家处于逆境时，英格兰新的权力机构[①]首次改革了贫困救济制度，它成功地废除了过去被严重滥用的救济制度。如果说国家贫困救济是冷漠无情地给予穷人的，也得不到穷人的感激，那么与18世纪的贫困救济制度相比，改革后的国家贫困救济制度规定给予救助的条件至少没那么苛刻，但缩小了救助范围。

61●国内交流　在为国内交流提供便利方面，国家组织开始发挥作用。很早以前，为国内交流提供便利就被认为是国家的义务，也是国家发展的需要；早期，为国内交流提供便利可能更多地涉及军事上的便利而不是商业上的便利。整个中世纪，一直到英格兰女王玛丽一世统治时期，修路都是私人的慷慨行为。慈善机构也希望将钱用于修路。在英格兰经济繁荣时期，修道院给予了修路很大的关注。当议会着手处理修路问题时，它只是作为补充力量，而不是代替地方当局的行动。与救济穷人的情况一样，教会组织被视作执行修路这一重要民事工作的代理人。每个教区都有维护教区道路的责任。同时，英格兰政府要求治安法官行使全面监督权，监督教区管理者履行维护教区道路的职责。18世纪，经济日益繁

① 新的权力机构指1832年改革后的议会。——译者注

荣，改善道路成为商业需要。1741年，英格兰政府通过了《全面公路法案》，并且采纳了收取通行费的原则，以便使用道路的人可以为道路的维修做出贡献。执行收取通行费的措施的直接效果令人惊讶。18世纪初，英格兰的道路状况非常糟糕；但到了18世纪末，英格兰的道路达到了非常高的标准。

62●面包和布料的质量标准和价格 从很早的时候开始，中央政府就给予了维护商品质量和公平价格一定的重视。它首先考虑的商品是生活必需品。根据前文提到的面包的法定标准，英格兰政府努力设计了一种自动调节机制，该自动调节机制通过向面包师及其助手提供足够多的报酬，同时保证公众支付的钱可以获得适当大小和重量的面包，以证明对生产者和消费者都是公平的；面包大小取决于谷物价格。法定标准的执行和惩罚违反法定标准的人，是庄园和其他地方法庭职责的一部分。面包的标准是最早的有关商品质量的法定标准，也是长期实行的国家规定。1709年，面包的法定标准就以更现代的措辞重新公布了。1757年，谷物收成不佳，伦敦的行政长官试图严格执行关于面包法定标准的政策。然而，严格执行法定标准带来了灾难性的结果。事实最终证明，法定标准的执行能有助于确保消费者和生产者利益的时代过去了。

我们知道的下一个重要的国家规定是关于布料的规定。王室任命了一名管理者，称为皇家毛料规格管理官。皇家毛料规格管理官的职责是确保出售的布料具有合适的长度和宽度。起初，皇家毛料规格管理官的注意力主要集中于进口布料，但有迹象表明，他还被要求监督英格兰国内织布机生产的布料。许多城镇因过度拉伸布料而陷入布料质量不合格的困境。皇家毛料规格管理官的印章旨在保证布料有足够的尺寸和重量，让布料能被国内外消费者接受。由皇家毛料规格管理官检查布料是否合格的制度的特点，以及要实现的目标在查理二世统治时期体现得最明显。此时，英格兰试图在爱尔兰发展布料业。如果英格兰想要在与其他国家已有工业的竞争中获得成功，它于1665年设立皇家毛料规格管理官这一职位则被认为是它在竞争中获得成功最重要的一步。尽管英格兰的经济学家和政治家后来采取了措施来抑制布料业的发展，但皇家毛料规格管理官这一职位被保留了下来。

随着英格兰布料业的稳步发展，皇家毛料规格管理官的职责变得越来越多。1328年，诺福克的居民曾抱怨过皇家毛料规格管理官的要求过于苛刻。爱德华三世统治时期，在英格兰定居的来自佛兰德斯的纺织工，由于习惯了使用与英格兰不同的度量衡方法，他们遭遇了严重的困难。英格兰国王爱德华四世制订的法规清晰地反映了英格兰在贸易中采用的各种布料品种，还列举了在英格兰各地生产的大量不同尺寸和质量的布料。从爱德华四世统治时期开始，英格兰关于布料质量和重量的立法非常多。1809年，英格兰政府废除了为确保布料质量和重量曾采取的各种措施。在英格兰贸易扩张时期，所有试图监管布料质量和尺

英格兰国王爱德华四世

寸的规定难以得到实际执行；英格兰人正在世界各地推动英格兰贸易的发展，而为众多的市场生产商品，过于严格地规定商品标准的做法不可取。维持原来的、严格的布料标准会妨碍制造商迎合公众的需求。由于制造商的商标为商品质量提供了新的保证，英格兰不再有必要保留政府规定的商品标准来作为商品质量的保证。然而，布料是在家庭生产制下制作的，家庭生产制的商标并不能成为众所周知的商品的质量保证。工厂生产制下，大工厂的商标广为人知。在某种程度上，大工厂的声誉保证了工厂供应的商品的质量。

63●授予商人特别权利和特许经营权　斯图亚特王朝时期，英格兰还有许多其他行业的商品的法定标准。在关于其他商品的法定标准的例子中，某个行业的商品的质量监督职责被委托给特定官员。酒馆、金线花边和火药的质量监督职责就被委托给了特定官员。一种更常见的做法是，为监督商品质量，政府授予一批完全熟悉并实际从事某种商品贸易的人特别权利。实际上，被授予特别权利的人可以让国内特定的人承担商品存在缺陷的责任。伦敦一些专门从事交易的商人组成的商业行会，如制革商行会，获得了让国内特定的人承担商品存在缺陷的责任的权利；而另外一些专门从事交易的商人组成的商业行会获得了商品特许经营权。自治城镇的发展一直依赖于获得的商品特许经营权。在伊丽莎白一世和詹姆斯一世统治时期，人们就已经不满政府给予一些商业行会商品特许经营权。尽管有人宣称，商品特许经营权合理，国王的做法是公正的，但拥有商品特许经营权的商业行会或其代理人对公众提供的服务很差。英格兰国王查理一世统治时期，特许经营权制度获得了进一步发展。查理一世为一些日常消费品的生产设置了特许经营权，他希望通过设置肥皂的特许经营权来获得类似消费税的收入。关于肥皂特许经营权的设置是无视1624年法令条款的规定而精心设计的[①]，但激发的愤怒使查理一世无法继续推行该特许经营权，同时使英格兰的整个监管体系蒙羞。

① 1624年，英格兰颁布《专利法》，剥夺了国王出卖商品特许经营权的权力。然而，查理一世通过出售肥皂特许经营权，来增加王室的财政收入。——译者注

64●外国工人及拥有特许经营权的商业行会 然而，在许多方面，国家监管起到了有益作用。很早以前，英格兰国王就意识到在国内培育新产业的重要性。正是在王室的保护下，来自荷兰湾的制造商在科尔切斯特建立了自己的工业，而瓦隆人在诺里奇实施了自己谨慎的贸易管理制度。新贸易给国家带来的好处毋庸置疑，但新贸易带来的好处并不容易获得产生新贸易的地区的承认。为了给新贸易提供合适的立足点，国王有必要为新贸易提供王室特许经营权和保护。后来，议会法案偶尔会授予私人职业专属特权，如基德明斯特的地毯编织工和谢菲尔德的刀匠。值得注意的是，亚当·斯密指出的需要放开管制的商业行会，就是由专门从

亚当·斯密

事交易的商人组成的获得特许经营权的商业行会。国王特许的贸易管理制度是用来培育新贸易的，有时也被用来保护某些城镇的居民，使他们从事的贸易免受外来者的介入与竞争。特许经营权授予城镇当地由专门从事交易的商人组成的商业行会经营某些贸易的专有特权，拥有贸易专有特权的商业行会可以将从事该贸易的外来工人排除在城镇之外。某些情况下，许多独立的行业会联合在一个享有贸易专有特权的商业行会中。很难相信，面对种类繁多的商品，商业行会成员可以很好地共同监督商品的质量。英格兰政府在纽卡斯尔、卡莱尔和伦敦设立了拥有特许经营权的商业行会，并且试图在赫尔设立拥有特许经营权的商业行会。我们也许会认为，行业管理只不过是为了设立拥有特许经营权的商业行会的借口。城镇居民付出高昂的代价获得王室特许状规定的特权，真正的目的很可能是维护特许经营权。不过，不管拥有特许经营权的确切目的是什么，16世纪到17世纪拥有特许经营权的商业行会的迅速建立表明：国家权力机构不仅在商业管理方面取代了地方自治机构，还在行业管理方面取代了地方自治机构。

65●贸易保护政策 监督商品质量、设立特许经营权等不同的措施可以看作是管理工匠的方法，都是为了促进英格兰本土工业的发展。很早的时候，贸易保护政策就存在了。13世纪到14世纪，英格兰的布匹贸易存在贸易保护政策的迹象。约克王朝和都铎王朝时期，在许多贸易中，贸易保护政策得到迅速实施。在实施贸易保护政策的某些阶段，我们很难将贸易保护政策和前文已提及的城镇居民对外来工人的妒忌区分开来。17世纪的贸易保护政策是经过深思熟虑后实施的，尽管实施的理由是错误的。英格兰政府尽一切努力发展新工业，使英格兰尽可能不依赖外国的原材料供应。虽然在后文中（87节）我们将更全面地讨论英格兰工业的发展，但在此不妨先进行简单说明，如果英格兰很少从外国人那里购买制成品，并且又有很多制成品需要出售，那么外国人就会被迫向英格兰支付黄金和白银，从而使英格兰的财富增加。这就是发展新工业的论据。虽然在卓有远见的人看来，发展新工业的论据存在明显的、不合理的地方，但发展新工业的论据仍使英格兰政府渴望培育新工业，进口廉价原料，为英格兰的过剩商品打开市场，并且以各种方式鼓励本国工业的发展。“劳动是一切财富之源”的学说使人们渴望在英格兰国内为劳动者提供就业机会，并且在购买外国产品时避免产生不必要的费用。自亚当·斯密时代以后，国际经济壁垒不再那么明显，政治家可能出于不同国家间的共同利益而进行合作，而不是把某个国家视为以牺牲其他国家利益为代价来获取自己利益的不择手段的商人。

66●经济自由与劳动力迁移 前文描述的工业发展趋势产生的整体结果，也许可以从个人的生存状况逐渐发生变化中得到清晰的证明。在许多方面，个人获得了自由——迁移自由、就业自由和结社自由。中世纪早期，在经济事务中，地方自治政府起主导作用，这使工业阶层不可能有迁移自由。在乡村，农民被束缚在庄园里，他们不能通过在庄园以外的地方寻找工作来改善自己的生活条件。城镇的情况也类似。只有在某些特定地区，工匠享有特权地位，有就业自由，但一般来说，工匠不想做任何改变。在某些方面，当对农民和工匠的束缚还未瓦解时，议会的权力被用来加强对农民和工匠的限制。兰开斯特王朝时期，英格兰政府试图阻止乡村人口迁移到城镇。都铎王朝时期，英格兰政府则试图阻止工匠离开居住的贫困地区。不过，总体来说，劳动者的地位是由一系列的《劳工法令》规定的。然而，当治安法官依据法律更全面地管理劳动者时，往往会承认农业劳动者阶层拥有就业自由。拥有就业自由的农业劳动者不受束缚，可以四处寻找工作。查理二世统治时期，英格兰重新引入了一种与教区贫困救济管理相关的约束性制度。前文已讨论过1662年的《教区定居法》是如何影响劳动力流动的。可以说，英格兰政府很快就意识到《教区定居法》带来的严重后果，并且曾试图进行纠正。1795年，英格兰政府修订了《教区定居法》。1834年，英格兰政府重新制订了关于贫困救济的法律制度，使劳动力的流动状况得到进一步改善。

67●移民自由 国内迁移不自由，使人们享有离开王国的自由成为一种恩惠，但仍拖延了很长一段时间人们才获得这种恩惠。英格兰人迁移到国外不符合英格兰的利益。因为在英格兰人迁移到国外的情况下，王室将无法依靠他们提供的服务来保卫国家。当英格兰的工业获得极大的发展时，人们认为，英格兰人迁移到国外，在外国甚至英格兰的殖民地发展英格兰工业的做法，比以前更不可取。只有在特殊的情况下，成群结队的殖民者才会获得王室或议会的许可，移民到爱尔兰或美洲，目的是建立种植园或建立定居点。英格兰政府毫不留情地驱逐那些不遵守法律的人。犯下杀人罪的人可以逃离英格兰，从而逃避惩罚。被遣散的士兵和其他流浪者被大量运往美洲新大陆。直到1824年，英格兰政府才废除了移民限制政策。在移民限制政策被废除以前，除了作为对不当行为的惩罚而强制执行迁移的移民，移民许可是一种特殊优待。19世纪初，受爱德华·吉本·韦克菲尔德

爱德华·吉本·韦克菲尔德

先生的影响，公众舆论发生了巨大变化。爱德华·吉本·韦克菲尔德十分认真地研究了殖民地的发展问题，并且一直鼓动英格兰政府给予所有人移民自由。

68●选择职业的自由 伴随着迁移自由权限的放宽，我们注意到，人们的就业选择也更自由了。如上所述，庄园制度下，大部分人不可能自由选择职业，并且立法机关会干预人们的职业选择，阻止乡村人口从事农业以外的其他工作。伊丽莎白一世颁布的《劳工法令》延续了法律对人们职业的限制。全国范围内，《劳工法令》造成了新的困难，那就是阻止了手工业者改变职业。没有人被允许从事没有经过七年学徒期的手艺工作，这使任何人实际上不可能改变自己的职业。18世纪，英格兰向国外市场提供商品。英格兰国内不同行业的繁荣取决于国外需求的变化，但英格兰很难做出必要的调整以适应国外市场的新状况。英格兰政府对职业变化的限制结合了与定居点有关的法律，以防止工人离开工业正在衰退的地区。据丹尼尔·笛福所说，埃塞克斯的布匹贸易已经衰退了，一些村庄如博金和布伦特里，它们是布匹贸易衰退的典型例子。到18世纪，英格兰的贸易衰退更明显了。可以说，贸易衰退是《济贫法》的附带影响。为便于英格兰根据市场变化生产商品，刺激贸易，伊丽莎白一世颁布的《工匠法令》规定了全国范围内统一的培训标准和技能标准，增加了工匠的自由度。法令的规定给了每个熟练工更好的机会，他们可以去任何喜欢的地方就职，而不是局限在曾当过学徒的城镇工作，他们变得更自由了。

伦敦的情况有许多值得特别注意的地方。伦敦不受伊丽莎白一世颁布的法令的约束，它继续实行自己的学徒制。在改变职业方面，伦敦的习俗似乎给予了人们很大的自由。那些经过七年学徒期的人要求自由从事他们所学工作以外的其他工作。伦敦允许人们自由改变职业的习俗得以保持下来，但经历了一番斗争。理查二世统治时期，有人极力主张，每位公民都应该选择一个愿意从事的职业，并且只从事该职业，尽管公民可以自由地选择一个以上的职业。伊丽莎白一世统治时期，在伦敦发生了一场激烈的争论。一个政党希望实行类似伊丽莎白一世颁布的法令的限制措施，另一个政党则希望议会可以批准人们自由选择职业。两个政党最终都未能如愿。不过，从长远来看，原来自由改变职业的习俗得到了维持。人们能够自由选择职业是导致各行会与各行会名义上有关的工艺逐渐分离的因素之一。因此，虽然人们在伦敦具有选择职业的自由，但直到1814年英格兰政府废除了《工匠法令》中的关于学徒的条款时，人们才获得在全国范围内选择职业的自由。

69●结社的自由 早期，未经批准的同业行会受到了很多质疑。直到最近，英格兰政府才给予人们出于贸易目的而自愿结社的自由。很早的时候，人们就意识到了自由结社组成同业行会的好处。经过授权的同业行会由王室成员、地方自治政府的官员、庄园领主和议会代表组成。不过，与经过授权的同业行会相比，人们对未经授权的、没有社会责任感的同业行会的看法有很大不同。人们怀疑，未经授权的同业行会是一个圈套，它建立的目的是吸引消费者，提高某些商品的价格；它会损害消费者的利益。社会上企图以公款谋利的人受到了强烈谴责。即使是获得政府批准建立的同业行会，如亨利六世统治时期的手工业行会，以及詹姆斯一世统治时期拥有特许经营权的协会，也可能滥用获得的权力。不过，未经政府批准的同业行会的成员首先就存在犯罪的嫌疑。亨利二世统治时期，他会惩罚未经政府批准组建的同业行会。整个中世纪，人们注意到一个问题：商人联合在一起，可能采用不公正的价格销售商品。由于工资是影响物价的主要因素，人们对工人联合起来要求提高工资也有类似的、不公正的感觉。提高工资的要求似乎导致了物价上涨，个人利益几乎没有得到提高，还牺牲了公共利益。1351年（爱德华三世治下），这种不公正的感觉导致英格兰政府颁布了《劳工法令》，以及随后的各种限制工资上涨速度的措施。爱德华六世统治时期，英格兰于1548年通过了一项与结社有关的法律[①]。与结社有关的法律谴责了同业行会做的许多事情。不

① 1548年，爱德华六世颁布的《劳工法令》明确禁止结社，以防劳动者联合要求提高工资和减少工作时间。——译者注

过，直到18世纪，商人的结社问题才变得重要起来。18世纪早期，英格兰政府允许某些行业的商人为了某些特定目标而结社，如起诉有欺诈行为的工人。关于工人结社的具体情况并不是不清楚。亚当·斯密曾提到工人结社。但工人结社的历史和目标一直模糊不清，直到1799年，英格兰政府通过了限制工人结社的措施，工人结社问题才变得突出起来，工人结社的历史和目标才清晰起来。英格兰政府对反动性的行会感到恐慌，它认为行会可能是叛国集会的幌子。辩论学会和共济会的分会也因此受到严重怀疑。很快，下议院就通过了一项将所有工人行会都视为犯罪组织的治理措施。当时的经济条件使工人难以联合起来与雇主商讨工资。1800年，英格兰政府于1799年颁布的《结社法案》获得了修订。修订后的法律仍然禁止工人秘密结社，这使工人陷入绝望。偶尔，工人会因属于某个团体组织而受到起诉，这给他们带来了极大的痛苦。禁止工人结社是非常明显的、不公正的做法。1825年，英格兰政府废除了禁止工人结社的可憎措施。然而，禁止工人结社的措施在存在时，已造成巨大危害。在废除禁止工人结社的措施的过程中，英格兰政府存在一些犹豫。在禁止工人结社的措施被废除时，经济学家存在一种明确的看法，即工会没有能力真正提高工人的地位。他们支持消除具有犯罪性质的行会，坚决反对鼓励结社原则。自禁止工人结社的措施被废除后，后来发生的各种事件似乎证明了当时经济学家的看法是错误的。工人借助联合在一起组成的工会的力量，成功改善了自己的工作条件。现在，在许多行业，工会的存在被认为是方便了雇主和雇员进行协商。允许结社的具体对象及执行结社政策的可能手段，引起了许多讨论，并且英格兰政府有时会通过立法予以明确。不过，自1825年起，英格兰政府允许劳动者结社形成的工会就在一定范围内存在，而在英格兰早期历史上这是不可能得到允许的。

70●自由主义及保护劳动者利益的立法　前面章节提到了有利于个人经济自由的、明确的工业发展路线。19世纪上半叶，自由运动得到了最大发展，自由放任原则被有意应用到国家的所有制度中。然而，自19世纪中叶以来，对反对各种监管的看法，英格兰人有了不同的看法。公众舆论越来越支持国家干预曾一度完全由个人负责的事务。

劳动者的监管规则进入新阶段的最初标志与儿童劳动有关。儿童年龄太小，他们不能与其他人竞争，事实上也不会与雇主商谈工资。在保护儿童方面，像罗伯特·皮尔爵士这样坚决主张对成年人实行自由放任政策的人，热心于推动儿童保护措施的制订。1802年、1833年英格兰政府颁布的《工厂法案》都是建立在以下假设之上：儿童不是自由主体，确保儿童不过度劳累可以使正在成长的一代儿童成为身强力壮的社会公民，这是公共利益问题。考虑到确保儿童健康成长是对国家具有重要价值的直接目标，早期监管措施在所有情况下都应涉及童

罗伯特·皮尔爵士

工。现今，在大多数人看来，国家在保护儿童方面进行干涉是可取的。国家是否需要采取更多的措施来保护成年人的利益值得怀疑，但迄今为止，人们的总体感觉是，成年人应尽可能自己去议价，为自己争取满意的待遇。

第一个也是最明确违背了成年人自由原则的案例是关于矿区的案例。对矿区，政府进行管制和检查，采取预防矿区违反成年人自由原则的措施。如果矿区经营者没有感受到来自外部的压力，政府对矿区采取的措施就不会那么容易得到落实。生活困境有时可能使矿工鲁莽行事，并且很可能忽视基于科学理由提出的安全措施。在工人忽视自身安全的情况下，政府比任何与利益直接相关的人更谨慎、更具远见，且能通过议会法案为工人的生命提供更大保障。1878年的《工厂与车间法案》同样具有违背成年人自由原则性质的许多规章，但这些规章得到了普遍认可。人们甚至频繁要求这些规章应该进一步延伸适应范围，这表明公众舆论已远远偏离自由放任原则。

71●工会 然而，尽管有大量法规表明英格兰人在很多领域已偏离自由放任原则，但有部分人仍倾向于认为某些领域是例外，不能偏离自由放任原则。在这些例外的领域，英格兰政府应坚持采用原来的自由主义原则，让成年人自己去打拼，为自己争取利益。然而，问题在于，孤立的单个工匠几乎没有真正的经济自由。相对贫困使他们不可能在商讨条件时获得优势，并且搬家的困难限制了工匠寻找工作的领域。劳动力的流动性远低于经济学家有时猜想的水平。在个体劳动者相对贫困又难以搬家的基础上，只有通过政府保障劳动者有效的结社权利，他们才能提出合理主张，使自己获得实际的经济自由。

19世纪初，自由放任经济学家极力否定政府干预。1825年以前，工会被视为犯罪组织，被迫通过秘密手段，有时甚至是通过暴力手段来维持自己的地位。立法机关总是倾向于保护那些对自己的独立地位感到满意的个人，使他免受那些企图诱导或强迫他把个人命运与同业行会绑定在一起的干扰。在承认工厂拥有自由结社的权利的同时，国家一直渴望维护那些不想结社的工人的权利。在想结社和不想结社的工人之间保持平衡是一件困难的事。不管怎样，工会成为真正有效推动经济发展的力量，能对贸易条件产生重要影响；工会早期斗争的故事和工会组织的逐渐发展是最值得关注的事情之一。不过，还不清楚的是，如果政府做出了努力，继续依据类似于伊丽莎白一世统治时期的《劳工法令》的条款来规范劳工的就业条件，那么工会的政策是否会更明智，或者与以往相比，工会的政策是否能减少社会矛盾，使工人少遭受一些痛苦。

三、商业发展

72●地方法律与国家法律　前文已指出，早期地方自治政府从事的工业监管职能逐渐由国家取代。不过，在商业事务上，国家并没能完全取代地方自治政府。13世纪到14世纪，英格兰的航运业和商业没有太大发展，扶持和发展航运业和商业的机构几乎完全由国王或议会组建。某种程度上，国家的新监管制度被应用到地方自治城镇商业通行的惯例和习俗中。显然，13世纪到14世纪，地方自治城镇商业通行的惯例和习俗逐渐被国家的新监管制度取代。

因此，在对待内部商业事务和访问英格兰集市的外国商人问题上，国家首先通过拥有的额外权力，规定相关管理内容，并且由原来的市政当局负责执行。作为一种其他地方早已常见的确保债务回收的安全交易体系，1283年的《阿克顿·伯内尔法案》的实施范围扩展到了新商业中心。不过，后来的商业立法较少有地方限制。14世纪建立的贸易设施是被设计出来应用于王国所有领域的。作为重要的国家机构的成员，如经营主要产品的商人，他们反对提高地方商业团体的地位和重要性。

国家可以为保护商人的人身安全和财产安全做很多事情，这超出了任何单个城镇的管辖范围。城镇已承担地方治安的事务。因此，旅行者的安全只能由国王或议会来保证。爱德华一世统治时期，我们清楚地了解到，英格兰政府给予外国商人明确的承诺，承诺他们在王国境内旅行时免受攻击。关于这一点，英格兰政府在1285年的《温切斯特法令》中做出了明确规定。

73●海上贸易的各种危险 14世纪，英格兰人开始参与部分对外贸易。这一新的背离使国王和议会被迫承担一系列责任。努力打击海盗的部分原因是为了保护英格兰海岸不受攻击，同时可以保护英格兰的海上商船。当爱德华三世宣称对海洋拥有主权时，他就有义务维护英格兰的海洋和陆地的和平。不过，英格兰政府并没有很好履行该职责。支付了护航费用的商船有时并不能得到有效的护航。在爱德华三世和英格兰国王亨利五世时期，全面武装起来的舰队在海峡间穿梭时，

英格兰国王亨利五世

商船得到了很好的保护；但在亨利六世统治时期，国家的发展受到严重限制，英格兰政府没有采取足够有力的措施来保证海上贸易者的安全。海盗猖獗，像“掠食者同盟”和“海上巡游者”这样有组织的海盗船队摧毁了英格兰的船，袭击了英格兰的海岸。海盗劫掠商船的行为没有得到制止。英格兰人的商业戒备及议会议事录记录的事情有时会引发英格兰人和海盗的冲突，以及海盗的激烈报复。15世纪末，英格兰政府签订的一系列商业条约使英格兰人的海上贸易变得更安全。海盗猖獗使所有英格兰商业团队遭受损失，但在不同商业团体的共同努力下，北方的海盗活动得以平息。

74●商业条约与贸易公司 随着贸易的扩大，英格兰政府有必要在更大范围内解决过去存在的海上贸易遭受劫掠的问题。地中海的贸易受到了来自阿尔及尔、摩洛哥等地海盗的严重干扰。这些小国成了各个国家的亡命之徒的避难所，而詹姆斯一世试图与西班牙政府合作消灭海盗的努力失败了。海盗劫掠不只限于商船。1631年，爱尔兰南部的巴尔的摩被海盗彻底摧毁，幸存的居民沦为奴隶。当海盗成功掠夺城镇后，查理一世有了以保卫王国的名义要求城镇缴纳船税[①]的理由。英格兰的水手取得了一些短暂的成功；查理二世与海盗的谈判取得了一些效果，但直到英格兰在地中海的统治完全建立起来时，海盗劫掠带来的灾祸才算真正结束。到1818年，海盗不再是商人在欧洲水域面临的严重威胁。

爱德华四世和英格兰国王亨利七世统治时期，英格兰与其他国家达成了几项重要的商业条约。这些商业条约不仅有助于减少公海上的敌对行为，还为英格兰商人在国外的发展奠定了基础。在某些情况下，英格兰商人可以在国外建立工厂， 在工厂储存商品，并且通过经营工厂过上舒适的生活。有时，在国外，英格兰政府会任命领事或代表，负责照顾到访外国港口的每一个英格兰商人的利益。类似的、连续的领事或代表任命是英格兰贸易逐渐扩张的标志。英格兰政府

① 船税本来是一种临时税收，在战争时期向沿海各郡征收，不需要议会批准。1635年，查理一世将船税实施范围扩大，突破了战争期间和沿海各郡的征收限制，将船税变成了普通税。——译者注

亨利七世

不仅在商业冒险家拥有工厂的低地国家任命了领事，在爱德华四世和亨利七世统治时期，还在比萨、克里特和士麦那任命了领事。英格兰政府的这种安排，具有商业意义，但实际上更具政治意义。英格兰的城镇从来没有渴望成为独立的国家，它们也没有能使自己获得特权的足够财富和地位，无法推动英格兰在新的遥远港口的贸易的发展。

从这一点看，显然，许多商业组织乍一看只是城镇组织，但本质上是国家组织，并且只能通过国家权威授权获得相应权利。如果布商行会专注国内布料的批发贸易，那么布商行会的商人可能会对市长和市参议员批准的特权感到满意，尽管他们更喜欢王室特许状授予的额外特权。当一些行会成员致力把货物运往国外销售时，人们希望贸易能有组织地运行，并且建立在稳固的基础上。与其他英格兰人相比，商业冒险家的公司在外国市场获得了自治权力和独家贸易的权利。商业冒险家的公司获得的权利只能由国家政府批准。同样，杂货商不仅要精心挑选香料和进口货物，还要从地中海东部往英格兰运送货物。杂货商被王室组织起来，他们成立了土耳其公司。伦敦的商业冒险家隶属于类似的由王权在英格兰以外的港口为对外贸易行业成立的组织。我们只需详细说明伊丽莎白一世创立的埃克塞特的商业冒险家组织和纽卡斯尔的商业冒险家组织就可以了。管理一个城市的贸易相对来说比较容易，而保护和组织英格兰人与外国进行贸易并不是一件容易的事，它是一项政治责任，只能由国家政府承担。

75●保护沿海贸易　对海运事务，都铎王朝的国王都很感兴趣。从都铎王朝时期开始，我们发现，英格兰进行了更多的系统化努力来减少水手在英格兰海岸面临的人身危险。英格兰政府不断提升港口为英格兰水手提供庇护的能力；而德特福德的领港公会注重对领航员的培训，它的成员受到特别鼓励去建立航标和灯塔。在赫尔，一个与德特福德的领港公会类似的机构成立了，但其权力相对有限。这些机构还标出了安全的航线或必须避开的航行点。在它们的共同努力下，英格兰的港口通道得以改善，航运安全大大提高了。当我们了解由泰晤士河的领航员组成的协会是如何成立，并且接受王室雇用来对英格兰整个海岸实施监护时，就会明白这类机构的工作很重要。这也是地方机构国家化的有趣例证。

76●新世界与通往东方的新航路　再次发现美洲[①]和通往东方新航线的发现，给英格兰人的雄心壮志增加了新的动力。当英格兰商人努力通过这些新航线与外国商人竞争时，他们得到了王室的资助和认可。当然，英格兰也有许多个人开始探寻新世界。例如，1480年，布里斯托尔的商人装备起来，踏上了寻找巴西的征途。远程贸易要求商人拥有贵重的货物，这需要由多个商人合作才能够负担得起；从

① 克里斯托弗·哥伦布于1492年首次发现美洲。此处指1497年阿梅里戈·韦斯普奇再次来到美洲。——译者注

事远程贸易的商人自然希望在他们访问的遥远国家也能获得他们在英格兰拥有的良好声誉。爱德华六世统治时期，俄罗斯公司成立。该公司虽然由伦敦商人组成，但实际上是国家企业。隶属于俄罗斯公司的商人与俄罗斯、中亚、波斯等地开展贸易，并且他们沿着俄罗斯的河流和古老的商队路线来到波斯。这是英格兰人第一次尝试与东方沟通，并且在葡萄牙人获得大量财富的贸易中分得一杯羹。俄罗斯公司的代理人得到了王室用希伯来文和希腊文写的信，这些信被认为可能有利于东方国家了解英格兰及其臣民，获得它们的好感。

77●股份制公司和受管制公司 另一家开展对外贸易的公司则努力在好望角与印度的贸易中分得一杯羹。东印度公司由伦敦商人组织成立，它也得到了王室的资助。曾经有一段时间，组织成立东印度公司的、精明的伦敦商人害怕在王室的影响下一些具有绅士精神的冒险家会加入商人的船队。具有绅士精神的冒险家可能主要把注意力放在战斗上，而不是贸易上。那些加入东印度公司的人不是以个人身份单独交易，而是联合在一起，投资入股。他们每年购买的货物能将几艘船装满，并且在以后的每次航行中他们都会出资认购商品。单个商人或东印度公司雇员以个人名义私下开展的贸易活动被严格制止，每次开展贸易的航行都是通过合伙的形式进行的。然而，这种做法存在一种不必要的复杂性，特别是考虑到国内外机构的费用时。1612年，东印度公司的章程以另一种形式更新了，它变成了股份公司，所有合伙人都拥有或多或少的股份。东印度公司这样的股份制公司，公司代表所有股东开展贸易活动。严格意义上，它是垄断者，因为它拥有独家经销权。其他公司，如俄罗斯公司和土耳其公司，都是由用自己的账户进行交易并与他人竞争的人组成，而参与交易的人都认可一些被认为是对所有人都有利的一般规则；加入某个公司的商人，在他们开展贸易的城镇里也享有一些特权和便利。每个英格兰人只要支付较低的入会费，就可以加入这些受国家监管的公司。这些公司的部分贸易规则是为了防止富裕的商人把生意垄断在自己手中，它允许年轻人有参与贸易的机会。受管制公司和股份制公司都是发展和控制国外商业的国家机构。这两种类型的公司通过国王特许获得权力，但股份制公司实际上是垄断者，而受管制公司不是垄断者。

很大程度上，公司交易制度是英格兰人实行的制度，荷兰或法兰西的公司交易制度并没有发展得与英格兰的公司交易制度一样迅速，也没有采取与英格兰的公司交易制度完全相同的发展路线。在17世纪的英格兰，人们对公司交易制度是否明智存在很多疑问。东印度公司经常受到人们的质疑。即使是受管制的公司，它也是人们严厉批评的对象。因为人们认为受管制的公司不利于贸易发展。1608年，商业冒险者的特权被取消。后来，俄罗斯公司和土耳其公司引起了无执照经营者非常大的敌意。作为英格兰商人，无执照经营者蔑视独家经销权，他们在贸易中与诸多公司竞争。詹姆斯一世统治时期，英格兰政府任命了专门的贸易

詹姆斯一世

奥利弗·克伦威尔

委员会。贸易委员会主要职责之一就是考虑允许公司开展贸易的政策。贸易委员会的委员并没有反对公司拥有独家经销权。奥利弗·克伦威尔当政时期，公司成功地击退了无执照经营者的进一步攻击。然而，在英国革命以前，1684年，在桑兹反对东印度公司的案例中，相对于股份制公司的垄断来说，宪法保障了无执照经营者从事贸易的权利。随着革命的爆发和《权利法案》的颁布，依赖斯图亚特王朝获得特权的机构的地位被削弱了，东印度公司的对手有可能获得胜利。王室授权无执照经营者成立一个新的、综合性的或受管制的东印度贸易公司。东印度贸易公司有可能取代原来伦敦商人组建的公司。无执照经营者成立的公司与原来的股份制公司展开了一场不体面的、灾难性的竞争，但最终两者相互冲突的利益得到了调解，两个机构合并了。在发展对外贸易的关键时刻，可以说，股份制公司坚持的原则获得了胜利。英格兰议会认识到，在与英格兰没有建立正常外交关系的民族进行遥远距离的贸易时，英格兰人最好结成统一战线。

78●东印度公司 东印度公司后来的历史，以及它从一个贸易机构转变成政治力量的过程，在这里我们不再赘述。东印度公司继续奉行共同贸易政策，但它并没有阻止员工在印度境内从事自己的私人贸易。公司与员工的关系，以及公司董事会与海外官员的关系都很复杂，并且常常令人感到不满。商业利益和政治利益相互冲突。有时，公司的共同贸易成为员工私人贸易的牺牲品。面对员工返回英格兰时带回的财富，以及处于不同管理规则下荷兰东印度公司产生的高额利润，东印度公司的股东对贸易利润产生了怀疑。股东诱使董事支付巨额股息。18世纪中期，东印度公司濒临破产。经过重组后，东印度公司的政治色彩越来越浓厚。1813年，英格兰政府正式开放英格兰与印度的贸易时，东印度公司的商品出货量已变得非常少，但在英格兰与中国的贸易中，东印度公司的独家经销权保持了很长一段时间，一直到1833年。茶叶是常见的消费品。对茶叶的经销，东印度公司具有垄断权，它还可以调节茶叶供应。在本书中，我们可以了解到关于东印度公司通过独家经销权进行贸易的利弊。由于英格兰王国与中国的关系紧张，独家经销可能会为英格兰贸易带来一些好处。这在英格兰废除贸易垄断权，以及相互竞争的商人独自努力推销自己的商品后立即显现出来。

79●海军与股份制公司 在英格兰商船队非常庞大的今天，我们回想起一件令人感到奇怪的事：在历史长河中，英格兰没有什么海上贸易，它的商业霸权是最近才建立起来的。不过，也许更重要的是要记住，英格兰的海军力量是随着英格兰的贸易发展起来的。由于海军力量的强大，英格兰的贸易不像以前那样会受到一些约束。过去，英格兰政府不能为商船提供有效保护，使它们免受海盗的攻击，也不能确保英格兰的商人在遥远的地方得到应有的尊重。然而，现在英格兰的海军力量保护它在世界各地的商业，使英格兰的商人即使在最遥远的地方也能够站稳脚跟。英格兰依靠海军来维持正常的食品供应，也依靠海军来保护英格兰的商业，以及所有与商业相关的工业。

过去，冒险家很少能从英格兰政府那里得到有效支持，他们只能自己为自己提供保护。英格兰政府也有理由将贸易垄断权授予那些自己为自己提供保护的、从事艰巨任务的人。特许垄断公司与半文明人进行远距离交易的做法，总体上证明了特许垄断公司建立的合理性。不过，英格兰的政治权力如今已被世界更广泛、更真切地感受到。因此，英格兰政府再没有同样的理由授予承担政治风险的贸易公司垄断权。尽管全球的英格兰人都可以向英格兰政府寻求保护，但英格兰政府最近在非洲和婆罗洲成立的特许公司表明，拓展贸易的先锋者仍在采用原来的自己为自己提供保护的方法。

尽管没有原来公司的政治色彩，但公司仍然形成了良好的商业原则，并且以各种方式进行应用。很早时期，几个财产所有者就可以联合在一起，购买整船的货物。当时，单个财产所有者没有能力单独承担海上可能面临的巨大风险。在永久的股份制公司如东印度公司成立时，早期财产所有者的实践得到了新的应用。股份制公司承担着与遥远地方的人们建立和维持友好关系的艰巨任务。遥远地方的文明与英格兰文明有很大不同。个体与遥远地方的人们开展的交易无法永久维持。当股东联合在一起，组建一个机构采取共同行动时，交易风险就会被最小化。以股份制公司的形式进行贸易，意味着一个相对较少的财富所有者可以与他人合作，从而分担风险。他如果成功了，就可以获得丰厚的利润。在所有贸易项目中，出于商业目的而进行联合的方法应用得越来越普遍。亚当·斯密试图找出某些不能令人满意的以股份制方式开展的业务。在亚当·斯密生活的时代，可能存在的各种类型的企业都实施了股份制。事实上，除非实施交易的股份制形式得到公众理解，否则现在的巨大工程将无法完成，如铁路的建设；各项事业将没有资金可用。各种类型的事业，如金融业、商业、农业、航运业、采矿业、制造业，都是在股份制基础上成功进行的。然而，股份制存在明显缺陷：由于个人利益的缺失，管理人员可能缺乏强烈的动机去维护股东利益；财产所有者缺乏对公司事务管理的责任心——毕竟要靠私营企业稳步获利。随着时间的推移，我们看到，私人公司逐渐重组为股份制公司。在一些领域，如银行业，私人公司几乎完全被驱逐出去。

四、经济政策

80●国力、航运业与重金属 前文中，我们试图描述在国家干预和控制下英格兰工商业各个方面的发展情况。国家把不同交易归集到一个公司中，且为实现共同利益在监管和控制方面做出了努力，这是值得的。在理查二世统治时期，国家加强了对工商业的监管和控制。这是英格兰工商业发展的重要转折点（47、48节）。在回顾过去和展望未来时，工业发展的整个过程变得更加清晰。中央政府牢牢掌控经济生活的各个方面，并且充分利用经济生活各个方面的力量来提升国家实力，使国家逐渐强大。虽然重商主义者无法计算出好运气在多大程度上帮助了他们，但他们最终成功实现了心中的目标，这是不可否认的。理查二世统治时期，英格兰王国是欧洲的一个小国，没有海上话语权。到19世纪初，英国已有足够强大的力量来对抗世界，它的舰队守卫着英格兰人在世界范围内的商业。当重商主义制度流行时，那些设计重商主义制度的人完成了最高抱负，同时英国在所有国家中获得了巨大的权力和威望。

如前所述，有些目标可能被认为是所有寻求增强实力的国家共有的目标。例如，充足的粮食供应。为实现充足的粮食供应，英格兰政府采取了非常规手段。

对此，前文已进行过充分叙述。还有其他两个目标的达成被重商主义者摆在重要位置。其中，有一个目标是英格兰人特别想达到的目标，即发展英格兰的航运业，并且增强英格兰海防舰队的力量。对一个岛国来说，发展航运显然非常重要。英格兰政府鼓励航运业和航海技术的发展，并且为此设立了各种各样的附属条例。此外，对一个没有矿藏的国家来说，为应对政治紧急情况的需要提供大量贵金属是一件困难的事。为此，英格兰政府提出了许多临时的举措，试图解决贵金属储备不足的问题。这些举措影响到了许多行业和就业。

81●早期发展航运业的法案的目标和影响 早在理查二世统治时期，就有人试图鼓励发展英格兰航运业。实际上，爱德华三世的政策阻碍了英格兰人从事贸易。在国王的军事远征中，英格兰人的船遭受了巨创，英格兰的商船几乎被全部摧毁①。为补救船队遭受的巨创，1381年，英格兰政府通过了一项法案。该法案规定开展海上贸易时要使用英格兰船。1382年，这一规定被修改为开展海上贸易时优先使用英格兰船。这一规定虽然在政治上有利于英格兰人，但阻碍了英格兰商业的发展。甚至在这一规定实行了几年后，英格兰船主仍对从境外运输到英格兰的货物收取过高的运费，导致进口货物减少。因此，进口商品的价格比在不实施这一规定的情况下要高。15世纪，进口商品价格上涨引起人们很大的不满，导致航海条例没能得到贯彻执行。16世纪，托马斯·沃尔西明确反对关于使用船方面的限制，虽然该限制可能最终会有利于发展航运业和增强国家力量，但同时会减少很多贸易。托马斯·沃尔西认为，航海条例很可能会导致包括葡萄酒在内的进口商品数量的减少。葡萄酒的进口数量如果减少，就会带来双重危害——对英格兰王国来说，从酒上面获取的关税减少了；对消费者来说，酒的价格将随酒的供应的减少而上涨。英格兰首席国务大臣托马斯·克伦威尔支持严格执行航海条

① 国王的军事远征指英法百年战争期间爱德华三世发动的对法兰西的战争。英法百年战争开始阶段，法兰西抢走了英格兰多艘海军战舰及货船，使英格兰海军实力大降，爱德华三世只能下令征集商船充当战舰。——译者注

伯利勋爵威廉・塞西尔

例。爱德华六世统治时期，进口商品数量减少、价格上涨的问题又出现了。在伯利勋爵威廉•塞西尔管理英格兰财政时期，英格兰政府执行的措施与原来的措施有本质区别，目的是鼓励发展英格兰航运业，同时尽量降低航海条例中关于船的使用的限制政策带来的危害。

82●《航海法案》对荷兰、苏格兰、爱尔兰及英属殖民地的影响 下一次立法改革发生在英联邦时期。当时，英格兰的贸易大幅增长，并且政府重新执行了严格的贸易限制政策。立法改革不仅是为了促进英格兰航运业的发展，也是为了打击荷兰人的海外贸易，使美洲和西印度群岛的殖民地与母国建立更紧密的商业联系。不管1651年和1660年的《航海法案》是否像人们普遍认为的那样对荷兰人造成了严重伤害，但可以肯定的是其不仅给英格兰消费者带来了不便，还给英格兰殖民者带来了不便。殖民地之间的贸易，以及殖民地与欧洲国家的贸易都受到了限制。如果殖民地与英格兰的贸易联系变得更紧密，《航海法案》的限制就会更加令人愤怒。

《航海法案》虽然鼓励了英格兰贸易的发展，但不利于苏格兰和爱尔兰贸易的发展。17世纪初，苏格兰人向殖民地市场提供了大量的粗布，这些粗布通过荷兰船运到殖民地。1651年，随着《航海法案》获得通过，苏格兰人通过荷兰船出口粗布的贸易通道被关闭。在斯图亚特王朝王政复辟后，苏格兰人也被禁止使用英格兰船出口货物。因此，对陷入困境的苏格兰工业，贸易限制政策带来了严重的打击。达连湾计划①之所以大受欢迎，无疑是因为人们普遍认为，这将有助于苏格兰商人和苏格兰制造商在最近对苏格兰人关闭的遥远市场上站稳脚跟。出于商业目的，1707年的《英格兰及苏格兰王国合并条约》将英格兰和苏格兰两个王国合并成一个王国，所以苏格兰也被纳入《航海法案》的受益范围。爱尔兰没有被排除在1651年《航海法案》的受益范围之外，但到了1663年其利益受到限制，并且在18世纪大部分时间里一直处于不利地位。爱尔兰被视为英格兰的附属国，在与殖民地的直接贸易中，其利益不受保护；爱尔兰的城市戈尔韦受到《航海法案》的限制的影响尤其严重。爱尔兰特别适合的业务是为船舶提供食物。为了更遥远的殖民地的利益，例如弗吉尼亚的烟草和西印度群岛的朗姆酒，爱尔兰在多方面牺牲了本土利益。毫无疑问，商业壁垒一方面阻碍了爱尔兰的发展，另一方面使苏格兰的亚麻制造商打开了市场，而这些市场对爱尔兰的亚麻制造商是关闭的。

因此，可以说，《航海法案》在一定程度上牺牲了英格兰消费者，以及苏格兰、爱尔兰、英格兰殖民地生产者的利益。《航海法案》带来的影响很明显，对支持《航海法案》的人来说，他们唯一的理由是《航海法案》完成了制订者的目标。《航海法案》的制订者追求的目标是获得和维持自己的权力，并且他们成功获得了权力。英格兰的舰队决定了法兰西王国和英格兰王国在印度和美洲的斗争结果。英格兰的船队使英格兰的军事力量超过了拿破仑·波拿巴的军事力量；

① 17世纪90年代末，苏格兰政府尝试在加勒比海的达连湾附近建立被称为加勒多尼亚的殖民地，将达连湾打造成国际贸易中转地，但这一尝试没有成功。——译者注

在世界范围内的商业活动中，英格兰人获得了军费，英格兰的商业活动延伸到了树立起英格兰国旗的海外地区。我们很容易看出，英格兰制度的代价很高昂。不过，考虑到英格兰的政策最终被证明是多么的成功，要确定其代价是否过高并不容易。

83●水手的培训、捕鱼业、造船业及海军补给　与鼓励航运业的方案密切相关的措施包括：第一，水手的培训；第二，造船业的发展；第三，物资及海军补给品的供应。

第一，水手的培训。捕鱼业是最有助于培养习惯航海生活的水手的行业。在都铎王朝及之后的朝代，为促进捕鱼业的发展，英格兰政府颁布了很多奇特的法令。促进捕鱼业发展最简单的方法就是增加人们对鱼的需求。为达到这个目的，英格兰政府通过了一项限制措施。该限制措施规定，民众要坚持每个星期吃两天鱼，并且在大斋节期间也要吃鱼。近一百年时间，人们一直在认真实施这一措施。在这一措施被取消后，英格兰政府尝试制订了一项新的措施，即给予从事鲱鱼贸易的人赏金。这导致了大量欺诈行为，人们可能会怀疑交易是否公平；与此同时，值得注意的是，无论英格兰政府是否采取措施促进渔业发展，英格兰的渔业都发展得越来越好。17世纪初，荷兰人主要在雅茅斯附近捕鱼，他们所用的渔船比英格兰人拥有的任何船都要结实。到17世纪末，英格兰人已成功在捕鱼竞争中击败了荷兰人，将雅茅斯的鲱鱼贸易完全掌控在自己手中。18世纪，在捕鱼方面，英格兰人取得了很大的进展。从英格兰人发现纽芬兰到现在的很长一段时间里，至少在鳕鱼的捕捞方面，英格兰人在与法兰西人的反复较量中保持了自己的领先地位。

第二，造船业的发展。在造船方面，长期以来，英格兰人一直出类拔萃。值得注意的是，在培养造船技能的过程中，英格兰人曾付出巨大努力。亨利五世模仿热那亚人的船建造了几艘大型战船。随后的统治时期，在造船事业中，赫尔的约翰·塔弗纳和布里斯托尔的威廉二世·坎内吉斯表现出了极大的热情。亨利八世及其多位继任者也有造船的热情，尽管他们的造船厂和军械库的生产原材料供应不足。为弥补造船厂和军械库生产原材料供应不足的问题，1513年，在德特福德，英格兰政府组建了开展造船厂和军械库生产原材料贸易的公司。自伊丽莎白一世统治时期起，鼓励英格兰航运发展是刺激造船业发展的手段。

第三，物资及海军补给品的供应。物资及海军补给品供应方面的政策进一步说明，为确保英格兰王国拥有充足的海军物资，英格兰政府做了各种努力。为确保亚麻和大麻的供应，人们付出了异常的努力。为维持国内造船用的木材的供应，海军的利益或多或少地被牺牲了。至于英格兰和爱尔兰，人们则需要供应足够的木材来满足其钢铁行业发展的需要，以及燃料的需求。不过，木材的供应似乎不那么重要，因为美洲殖民地有丰富的木材资源。在一些作家看来，英格兰从美洲殖民地获得的主要好处是能获得充足的木材和焦油。因为到目前为止，英格兰一直依赖挪威和瑞典的木材和焦油。从殖民地获得原料和燃油的确是英格兰政府在制订殖民地政策方案时主要考虑的一个因素。虽然英格兰的殖民地受到各种各样的限制，但英格兰政府采取了多种手段鼓励殖民地开放当地的资源，以便为英格兰供应其缺乏的产品。殖民地只要把精力放在为英格兰开放资源并为英格兰提供其缺乏的产品上，就会使英格兰的实力不断增强，殖民地也不会因在某些贸易领域的竞争中获得成功而损害到英格兰的利益。

84●获取财富的货币政策 确保财富的获取是英格兰政府一个重要的经济政策。如果没有巨额的金银等贵金属形式的财富，英格兰政府就难以应付任何突发事件，或组建和装备军队、舰队。财富是增强国家实力的重要因素，确保了军费的供应，并且为国家应付任何紧急情况采取的手段提供支持。因此，英格兰政府采取各种措施，从国外获取大量金银。

与获取金条有关的立法方面的努力可以追溯到理查二世统治时期，但不会更早。爱德华一世统治时期，英格兰有很多关于金属货币输入的立法，但这些立法都是针对铸币厂的，目的是使其为英格兰王国提供足够的货币，让其他国家低质量的金属货币无法在英格兰流通。然而，我们发现，从理查二世统治时期开

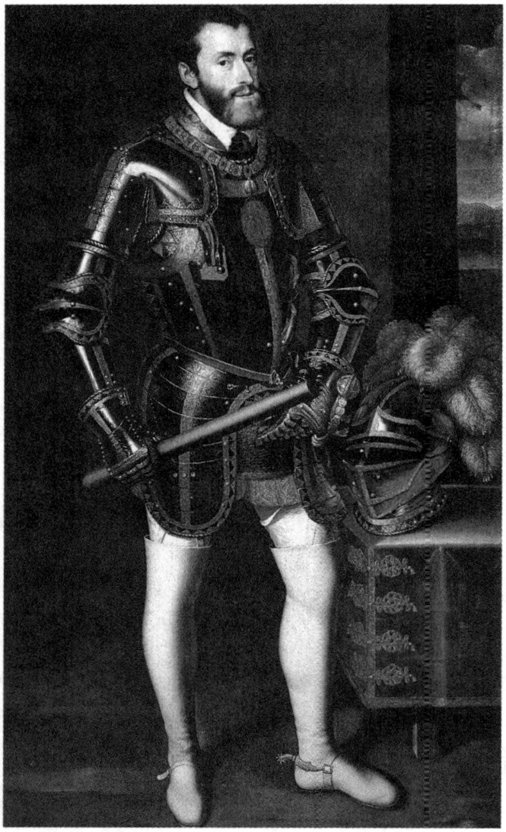
神圣罗马帝国皇帝查理五世

始，英格兰政府就进行了全面的努力来积攒金银，从而维持国家的实力。由于英格兰王国是一个缺乏矿藏的国家，它只能通过贸易从国外输入贵金属。因此，英格兰政府颁布了关于贵金属使用的条例，要求到英格兰购买商品的人必须采用金银支付全部款项或部分款项。同时，英格兰政府禁止金银出口。英格兰政府这一强硬政策的目的是强迫商人把金银带到英格兰，同时阻止他们把金银带出去。随后，这一制度被许多国家采用，它还深受神圣罗马帝国皇帝查理五世及继任者斐迪南一世的喜爱。然而，要执行这一制度并不容易，因为贵金属体积小、价值大，很容易被偷运。17世纪初，这一制度被一种更恰当的贵金属流动的商业理论替代。这一制度被替代的迹象在理查二世统治时期就已出现，在爱德华六世统治时期表现得很明显。不过，直到詹姆斯一世统治时期，关于贵金属流动的商业理论才被提出来。当时，东印度公司的成员提出了将贵金属作为商品进行交易的正当理由，受到了大贵族的谴责。

85●重商主义者与东印度公司 重商主义者的目的和重金主义者一样，是为了增加国家财富。不过，重商主义者为增加国家财富采取了与重金主义者完全不同的措施。他们没有试图通过直接立法来保护英格兰的贵金属，而是认为，英格兰政府应当通过立法保护商品贸易，从而使重商主义者可以创造条件让贵金属自然流入英格兰。如果英格兰把大量货物卖给其他国家，并且购买其他国家的产品很少，那么其他国家一定会将贸易差额采用金银的形式支付给英格兰王国。因此，通过采用合适的办法限制英格兰进口货物的数量和价值，并且增加英格兰出口货物的数量和价值，外国只能通过支付金银给英格兰王国来实现贸易平衡。当英格兰政府改变贸易政策后，它努力通过各种途径获取财富。不过，人们不应忘记，渴求金银的根本原因是出于政治上获取财富的需要。那些最清楚知道获取财富好处的人同样清楚，金银具备的价值只是按惯例形成的，而不是按其自身属性形成的。从纯粹的经济学角度来说，金银并不是特别重要的财富形式。

在实际问题上，重金主义者和重商主义者两大经济学派产生了冲突，这对东印度公司的发展影响非常大。没有黄金出口，英格兰与印度的贸易就无法进行。印度缺少布料或其他大宗商品的市场；而为了获得东方国家的丝绸和香料，英格兰必须输出金银。重金主义者坚决反对输出金银。然而，东印度公司的拥护者，重商主义者声称，通过向海外输出部分金银，能够推动贸易的发展，最终能使英格兰获得更多的金银。重商主义者认为，运送到印度的金银就像种子一样，看似被浪费了，但实际上能够获得巨大的收益。他们认为，如果英格兰是东印度公司货物的仓库，那么英格兰王国可以通过将货物卖给其他欧洲国家来获得金银。因此，重商主义者认为，英格兰政府只要努力确保整个国家出口商品的价值超过进口商品的价值，就没有必要对金银出口施加限制。他们指出，如果商品贸易一直以进口商品价值少于出口商品价值的方式进行，那么金银一定会流入英格兰。

86●总体贸易平衡与特殊贸易平衡　商业政策的胜利使英格兰为建立新工业而不时做出的努力具有了新的重要性。只要英格兰能在国内生产迄今为止从国外进口的所有产品，英格兰进口商品的数量和价值就会随着贸易差额的扩大而减少。正是基于这一原因，英格兰政府试图促进丝绸贸易，并且劝阻人们在日常生活中消费所有需要使用金银支付的外国商品。英格兰政府开始区分英格兰王国与不同国家的贸易相对优势，并且注意到英格兰王国与其他国家贸易的特殊平衡，以及英格兰与整个世界贸易的总体平衡。不同地区贸易间的相互影响非常大，这使英格兰政府试图在特定贸易之间进行区别对待的做法很可能不切实际，如同尼古拉·巴尔本博士在威廉三世统治时期看到的那样。不过，区分对待不同地区的贸易的思想牢牢占据了公众的头脑，引发了大量争论和一些立法措施的制订。当时，英格兰人有一种强烈的愿望，就是要尽量减少同法兰西的贸易往来。因为在英格兰与法兰西的贸易中，特殊的贸易平衡对英格兰不利。另外，英格兰政府鼓励同葡萄牙开展贸易往来，因为英格兰同葡萄牙的特殊贸易平衡对英格兰有利。在这种情况下，喝波特酒而非喝勃艮第生产的酒或红葡萄酒被认为是一种爱国行为。特殊的贸易平衡非但不会减少英格兰的财富，反倒会增加英格兰的财富。考虑到培育某种特殊贸易的政治好处，消费者的需求往往得不到应有的尊重。

87●将贸易平衡视为国家工业繁荣的标准　通过立法来培育某种能带来政治好处的特殊贸易是巩固国家实力的手段之一。除了立法，英格兰政府还采取了许多措施，以促进国家的整体繁荣，并因此成立了基金。英格兰政府可以从基金中提取收益，用于保卫国家。正是由于英格兰政府采取了许多促进国家整体繁荣的措施，重商制度的规章才具有非常强大的生命力。由于英格兰政府明确认识到贸易是国家财富的来源，贸易束缚可能在17世纪末就消失了。从英格兰银行成立之日起，当公共借款被习惯性地用于应付紧急情况时，被视为财富的金银在政治上的重要性下降了。因此，依赖金银的整个经济体系可能会崩溃。不过，金银的根基太牢固了，不容易被破坏。人们开始从一个新的角度来看待贸易平衡，把贸易平衡作为衡量国家工业繁荣程度和日益增长的税收负担承受能力的判据。英格兰人认为，如果说英格兰同葡萄牙的贸易差额对英格兰有利，是因为通过英格兰与葡萄牙的贸易往来，英格兰的工业发展得到了刺激。另一方面，如果英格兰同法兰西的贸易平衡对英格兰不利，英格兰同法兰西的贸易往来对法兰西工业的促进作用要大于对英格兰工业的促进作用。如果总体贸易平衡对英格兰有利，英格兰的国家商业显然有助于英格兰工业的发展。不过，如果英格兰王国同其他国家的特殊贸易平衡不利于它，则表明其他国家是以英格兰王国付出的代价来获取利益的；与其他国家向英格兰王国提供的市场相比，英格兰王国向其他国家提供的市场更好。英格兰人担心，这样一来，在工业繁荣程度和伴随工业繁荣而积累起来的财富方面，其他国家会逐渐超过英格兰王国。正是出于这种担心，贸易平衡学说和追求政治实力的紧密联系才得以体现。一个国家的实力强弱是相对其他国家的实力来说的。如果一个国家增加军备，但增加军备的速度不像其竞争对手那样迅速，那么相对于对手，这个国家的实力实际上在减弱。因此，根据当时的观念，政治上的嫉妒迅速、直接地引起了商业上的敌视。直到亚当·斯密时期，这种狭隘的贸易观才被抛弃。亚当·斯密认为，财富是人们追求的主要目标。他提出，如果国民的财富增加了，国家实力就会以某种方式得到体现。因此，亚当·斯密认为，贸易国之间的某种贸易往来，如果在某种程度上对参与贸易的双方都有利，就可以明智地继续进行下去。实际上，每一个国家都在帮助另一个国家实现繁荣。因此，亚当·斯密认为，在贸易往来中，不可能区分出哪一个国家获益最多，国家间的自由贸易往来有利于所有国家的共同利益。

88●个人利益与国家繁荣 既然提升国家实力是所有贸易制度的出发点，那么为了促进整个国家的政治福祉，政府可以毫无顾忌地牺牲公民或任一公民阶层的利益。基于这种理由，正如前文提到的，喝红葡萄酒的人的需求被牺牲了，而那些喜欢喝波特酒的人成了受益者。因此，在更大范围内，人们的资本投资方向不断受到干预。最后一位重商主义者詹姆斯·斯图尔特爵士，他设想的政治家的艺术就是利用个人的私利，使个人把精力投入那些增强国家实力的事业。正是出于增强国家实力的目的，英格兰政府把非常多的注意力集中到渔业和使用船运的遥远贸易上，并且为鼓励苏格兰和爱尔兰的亚麻贸易发展提供了额外奖励。此外，英格兰政府还给予进口英格兰国内工业制造所需原材料的人补贴，这似乎是刺激某些产业发展的一种实用但代价高昂的手段。出于增强国家实力的目的，罗伯特·沃波尔系统性地修改了关税，调节了国家税收，以便鼓励制造业的发展。进口原材料的人获得了宽厚的条件，外国制造商被课以重税。在许多方面，英格兰政府努力促进英格兰工业的发展。在英格兰政府政策的影响下，英格兰王国变得更加独立，这为英格兰的制造业在世界各地的发展奠定了基础。不过，虽然促进英格兰工业发展的目标已实现，但英格兰政府采用的手段在多大程度上有助于促进英格兰工业的发展还不确定。亚当·斯密的细致调查清楚地表明，有利于某个工业发展的措施会让其他工业付出巨大的代价，如果一个国家的政府减少对工业的干预，那么这个国家的工业也很有可能会取得迅速的发展。詹姆斯·斯图尔特爵士认识到，实际的困难是，政府几乎不可能为代表公众利益的贸易制订明智的法律。亚当·斯密进一步提出了相关观点，彻底改变了现有贸易制度。亚当·斯密坚持认为，政府对贸易的干预会带来一些危害，所以政府最好不要干预贸易。

89●殖民地利益与国家权力　将国家特殊利益置于公共利益之下的做法带来的结果是，这种做法不仅适用于个别行业的贸易，还适用于不同地区的贸易。对英格兰的财政收入，没有一个殖民地做出过贡献。更多的殖民地的人发现，殖民地很难承担其内部政府的运行费用。尽管如此，殖民地居民的贸易还是受到了英格兰舰队的保护，在与法兰西邻居的重要斗争中，殖民地需要依靠英格兰的援助。

殖民地的政治利益与英格兰的利益联系不是很紧密，殖民地也没有直接参与维护英格兰利益的防御工作。因此，一个公认的政策原则是，殖民地的资源应以补充英格兰物质繁荣的方式来开发，而不是以使殖民地能够与英格兰的工业或贸易竞争的方式来开发。英格兰的土地、工业和贸易提供了共同防御的成本。把殖民地的经济利益置于英格兰的利益之下似乎是公平的，这样一来，殖民地就可以帮助英格兰增加用于支付共同防御费用的财富。作为经济政策的指导，这一政策原则被广泛应用于殖民地，它最符合英格兰利益，从而间接有利于维持英格兰的实力。

90●西印度群岛各殖民地及弗吉尼亚殖民地 最受英格兰欢迎的殖民群体是西印度群岛的那些人。西印度群岛的人为英格兰提供的产品，与英格兰国内生产的产品完全不同。西印度群岛的人补充了英格兰的资源，使它不再需要从法兰西或西班牙属地获得相关物资。西印度群岛殖民地也为英格兰与西属殖民地进行有利可图的贸易提供了“仓库”，同时为奴隶贸易的开展提供了便利条件。大量英格兰船被雇用，以运输奴隶。基于这些理由，西印度群岛殖民地得到了英格兰政府的特别关照。为开发西印度群岛殖民地的资源和促进当地贸易的发展，英格兰政府做出了很多努力。显然，某种程度上，由于英格兰政府希望西印度群岛更加繁荣，英格兰在美洲北方的殖民地的贸易中受到了一定程度的限制。

在一定程度上，弗吉尼亚受到了英格兰政府的青睐。早期，英格兰人和爱尔兰人都没有种植过烟草。17世纪，当人们首次尝试在英格兰和爱尔兰种植烟草时，英格兰政府付出了非常大的努力来阻止这一做法。烟草被认为是弗吉尼亚的主要产品，英格兰和爱尔兰的烟草种植者不被允许与殖民地居民进行竞争。某种程度上，不允许英格兰和爱尔兰的烟草种植者与殖民地居民竞争的措施很可能是出于财政考虑。因为英格兰政府对进口烟草征收关税要比对在英格兰或爱尔兰生产的烟草征收消费税要容易得多。在关于烟草生产的例子中，事实是，英格兰政府牺牲了一部分国内居民的利益以维持殖民地的繁荣。尽管关于烟草生产的例子比较特殊，但这说明了英格兰政治家对殖民地采取的态度，并且更清晰阐明了他们在殖民地实行的全部政策的目的。

91●北美殖民地的经济依赖 从英格兰的北美殖民地的地理条件和气候条件来看，殖民地必然要与英格兰产生直接竞争。在某些行业，殖民地具有特殊优势，如河狸皮毛帽的制造，或者铁的冶炼、铁器的制造。然而，殖民地从事的河狸皮毛帽的制造受到英格兰政府的劝阻，而铁的冶炼或铁器制造则限于那些因燃料费用日益增加而无法在英格兰得到很好的实施的初步工序。造船业是英格兰的北美殖民地自然发展起来的一种行业。殖民地的造船业得到了英格兰政府的特殊对待。殖民地船和英格兰船享有平等的工作机会，并且英格兰政府鼓励殖民地向英格兰出口木材和海军需要的物资。即使殖民地的工业与英格兰的工业不存在竞争，英格兰政府的政策也会把殖民地的产品限制在生产原材料的范围内。毫无疑问，有人相信，通过使殖民地居民在经济上依赖英格兰的产品和其他供应，英格兰与殖民地的政治联系将得到加强。某种程度上，这可能是事实。不过，有人可能会认为，英格兰政府采取的政策产生的总体结果恰恰与预期相反。当英格兰征服法属加拿大降低了殖民地居民对英格兰的政治斗争和野心的兴趣后，英格兰对殖民地贸易和制造业的限制成为不断刺激殖民地居民反抗英格兰统治的源头，并且直接导致英格兰失去了这些繁荣的殖民地。

92●爱尔兰的毛织品产业和亚麻贸易受到限制 在英格兰本土附近的殖民地，上述对殖民地采取的政策也得到了充分体现。爱尔兰最有可能与英格兰进行竞争。因此，对爱尔兰，英格兰在经济上有着强烈的戒备心。爱尔兰非常适合发展毛织品产业。长期以来，爱尔兰一些地区的农民一直在生产一种叫粗呢绒的布匹。我们有理由相信，到14世纪，爱尔兰人已能够制造出更精细的布匹。17世纪，爱尔兰人努力制造绒面呢，但绒面呢是英格兰生产的重要物品。由于可以大量获得羊毛，生产成本相对较低，爱尔兰人在生产绒面呢方面具有特殊优势。托马斯·温特沃思认为，爱尔兰的绒面呢贸易如果想获得发展，就必须通过在与英格兰的竞争中

威廉三世

取得成功来实现。托马斯·温特沃思反对爱尔兰发展绒面呢贸易，并且试图通过亚麻贸易来激发英格兰的工业活力。英格兰内战后，英格兰政府为发展工业进行了新的尝试，尽管没有取得很大成功。到威廉三世统治时期，英格兰西部的制造商发现在毛织品产业爱尔兰人具有巨大优势，于是，他们大量迁移到爱尔兰。然而，在英格兰，制造商的迁移引起了极大恐慌。威廉三世与法兰西国王路易十四进行了一场战争，这场战争耗尽了英格兰王国所有财力。英格兰政府的财政收入主要来自土地税和海关关税。英格兰西部的制造商迁往爱尔兰，会使英格兰的农场主因羊毛价格下降而蒙受损失，英格兰通过出口布匹获得的关税收入也会变成爱尔兰的收入。为防止因关税收入下降而导致财政困难，英格兰政府对爱尔兰的布征收反补贴税。事实上，英格兰征收的反补贴税，再加上《航海法案》的限制，使爱尔兰羊毛制造业的发展前景被摧毁，同时驱散了都柏林和其他爱尔兰城镇的工匠。爱尔兰的工匠迁移到欧洲大陆，在德意志和其他地方，他们继续从事原来的职业，并且建立了与英格兰进行激烈竞争的制造厂。

托马斯•温特沃思鼓励爱尔兰人从事亚麻贸易，从亚麻贸易中为羊毛制造业的损失寻求补偿。不过，就连在托马斯•温特沃思扶持的亚麻贸易中，爱尔兰人也没有得到英格兰政府的公平对待。当英格兰和苏格兰1707年因合并成为大不列颠王国而拥有共同的财政时，苏格兰的亚麻贸易得到了英格兰政府的各种支持，而爱尔兰的亚麻贸易没有得到任何支持。甚至英格兰布料商有些嫉妒爱尔兰人的亚麻贸易。据说，如果英格兰人不从爱尔兰人那里购买亚麻布，当时拥有很好的布料市场的低地国家的城镇就不会对英格兰人开放[①]；英格兰的政治家倾向于抑制爱尔兰人亚麻贸易的发展，尽管爱尔兰人的亚麻贸易并没有与成熟的英格兰工业构成直接竞争。

93●爱尔兰畜牧业受到辉格党人嫉妒　到目前为止，我们考虑了英格兰的经济嫉妒对爱尔兰经济的影响，即英格兰与爱尔兰进行的恶性竞争。不过，政治嫉妒也是英格兰政府抑制爱尔兰贸易发展的重要因素。在查理一世和英格兰国王詹姆斯二世统治时期，爱尔兰的军队都是在英格兰国王的控制下组建的。爱尔兰的军队至少会对英格兰议会起到威胁作用，并且支持一些被认为是违宪的政策方案。辉格党人对王权的嫉妒让威廉三世深受其害。英格兰国王通过爱尔兰军队支持违宪的政策方案的方式，让辉格党人对王权的嫉妒也间接地变成了对爱尔兰的嫉妒。此外，英格兰国王可以从辉格党人嫉妒的爱尔兰那里获得人力资源和财力

① 18世纪，在全世界，爱尔兰的优质亚麻享有卓越声誉。英格兰人如果不购买爱尔兰的亚麻作为布料原料，那么制作出来的布料的质量可能比不上采用爱尔兰的亚麻制作的布料的质量。——译者注

资源，而无须向英格兰议会提出请求。这使前文描述过的恶意竞争更加突出。工业从英格兰西部向爱尔兰的迁移意味着资源从议会可以控制的地区直接转移到由英格兰国王控制的地区。在查理二世统治时期，辉格党人对爱尔兰的嫉妒表现出来。当时，对爱尔兰的畜牧业和放牧农场的发展很感兴趣的奥蒙德公爵詹姆斯•巴特勒遭到了攻击。对爱尔兰人，英格兰的土地拥有者和牧场主充满敌意，他们认为爱尔兰人与英格兰人进行了恶性竞争。对爱尔兰牲畜的出口，英格兰议会施加了限制。这有效阻止了爱尔兰牧场的发展。英格兰议会并没有对苏格兰的贸易采取限制措施，尽管英格兰与苏格兰在贸易方面也存在与爱尔兰一样的经济竞争。这一事实表明，英格兰议会对爱尔兰牲畜出口的限制是出于政治嫉妒。

94●爱尔兰议会获得管理商业事务更大的自由　除了因部分经济嫉妒和部分政治嫉妒而受到英格兰议会的压制，爱尔兰的发展还被一些维护大不列颠王国利益的措施阻碍。在大不列颠王国的农业发展史上，这一点体现得尤其明显。在1752年的旅行记录中，理查德•波科克描绘了大不列颠王国农业发展的落后面貌。1689年，威廉三世颁布了关于谷物出口奖励金的法令。这极大刺激了英格兰农业的发展，为英格兰农民种植谷物提供了便利。英格兰农民有大量剩余谷物可以出口到爱尔兰。都柏林和其他爱尔兰城镇可以从英格兰获得食物供应，而英格兰对爱尔兰种植的小麦的需求要少得多。如果爱尔兰的城镇不能从英格兰获得食物供应，就不会出现这种情况。这造成的结果是：18世纪，当英格兰的耕作稳步发展时，爱尔兰几乎没有种植谷物，即使是在那些自然条件非常适合种植谷物的地方，也没有种植谷物。因此，为了母国利益，英格兰议会认为有理由压制殖民地和爱尔兰的恶性竞争。虽然英格兰议会乐于接受西印度群岛和美洲的农业发展，作为对英格兰资源的补充，但英格兰议会没有给爱尔兰工业自由发展的机会，而促进英格兰繁荣的措施不利于英格兰较贫穷的“邻居”爱尔兰的发展。

在美洲殖民地发布《独立宣言》后，英格兰政府给予了爱尔兰议会更大的管理爱尔兰王国商业事务的自由。爱尔兰人努力采取各种促进经济繁荣的应急办法，这些应急办法早已在英格兰成功实施。其中，一些办法如修建运河，并不是很符合爱尔兰的实际情况，尽管运河在爱尔兰矿物财富的运输方面发挥了很大作用；另外一些办法需要付出高昂的成本。亚当·斯密的门徒公开抨击需要付出高昂成本的办法，认为这些办法会带来毁灭性后果。对英格兰制成品，爱尔兰的爱国者表现出了敌意；而爱尔兰议会通过的刺激经济的措施在圣乔治海峡另一边[①]基本没有人支持。圣乔治海峡另一边的人是引导公众反对爱尔兰商业独立，并且支持英格兰和爱尔兰建立更紧密的联盟关系的重要因素。

① 指英格兰、苏格兰和威尔士。——译者注

第 7 章

货币、信用和金融

95●自然经济向货币经济转化 从我们有记录的很早时期，英格兰人就显得熟悉货币使用。我们不能回溯过去所有时期，认为其中不存在商品交换，甚至认为英格兰早期商品交换只是以物易物，根本不使用货币。然而，在对货币本质的认识方面，以及将货币应用于许多世纪以来没有使用过的交易方面，英格兰人都取得了很大进展。部分经济学家认为，人们在没有货币介入的情况下获取食物和住所，是自然经济的体现；而人们使用货币进行交易，是货币经济的体现。在几乎所有生活关系中，货币经济逐渐取代了自然经济。经济史上面临的最困难的问题在于，如何清晰地描述自然经济向货币经济转变的步骤，并且展示这种转变或好或歹对社会和政治生活产生的影响。

可以看出，货币的引入使商品交易变得更容易。以物易物是一件麻烦的事情，并且不太公平，因为人们很难准确地估计某件商品的价值，也很难用不易分割的牲畜或其他形式的财富来精确地确定交换条件。只有货币作为一种明确定义的支付手段，在日常中被使用，频繁的讨价还价才成为可能。因此，在进行交易时，货币是一个有用的工具。当人们可以进行频繁的讨价还价时，当商品供应的充足程度和稀缺程度稍有变化时，人们就有可能更精确地调整交换条件。只要以物易物盛行，人们就可能习惯性地采用物品支付租金、工资和税收。然而，随着货币的引入，租金、工资和税收的支付金额可能经常会被调整，并且支付的金额是通过竞争来确定的。在那些以物易物是唯一已知的交换方式的人群中，竞争制度几乎是行不通的。当货币首次引入所有领域时，人们可能需要很长一段时间来确定和评估货币的价格，以货币交换商品的新形式替代原来以物易物的安排，并且使货币交换商品的安排永久化。随着商品价格频繁、精确的再调整，竞争迟早会随着商品价格计算方法的变化和货币支付的引入而出现。

在货币刚引入的阶段，竞争是不祥的代名词；它使社会某些阶层受到压迫，这是令人非常难过的事情。许多人曾留恋在过去更稳定的情况下的传统物价和根据物价估定的工资。不过，我们应记住，货币经济的引入带来了竞争。无论自然经济转向货币经济的变化会产生什么附带的不利影响，其也存在很多我们容易忽视的有利影响。当我们追踪自然经济时期与政府开支有关的货币的替代物时，货币经济带来的有利影响就很明显了。货币的介入使政府的要求可能更精确、更有规律，使那些必须满足政府支付要求的人需要承担的负担并不是非常繁重。政府也可以在更大范围内征收更少的货币，以减轻特殊地区的税收负担；政府还可以重新调整征收货币的数额，以便政府支付要求的压力落在那些最能承受的人的身上。在英国财政史上，货币经济带来的有利影响都可以找到相关证据。不过，在详细讨论这些问题前，我们必须注意到货币本身发生的主要变化，以及在使用金银货币和其他形式货币方面人们经验的增长。

96●银币贬值与铸币标准的变化 在诺曼征服之前及之后很长一段时间内，银是铸造货币的主要金属。尽管英格兰的不同城镇都有铸币者，但在国王的控制和权威下，铸币者行使自己的使命。事实上，铸币权和其他王权一样，不时受到侵犯。然而，在强大、充满活力的政府统治时期，人们注重维持货币的纯度和重量标准。亨利一世严惩了有欺诈行为的铸币者；而亨利二世忙于重组铸币厂。从亨利二世统治时期开始，英格兰优质的金属货币就成了英格兰国王的骄傲，因为货币上面印有国王的肖像和名字。

前文提到了爱德华统治时期面临的一些困难。当时，前来英格兰购买羊毛的外国商人带来了大量低价值的外国货币。爱德华一世试图阻止低价值的外国货币的使用，以维持英格兰货币的标准；但在爱德华三世统治时期，英格兰铸造的货币的重量轻于以前的货币的重量。爱德华三世使英格兰的货币开始贬值。良币和劣币几乎不可能以一样的票面价值同时流通。人们倾向于挑选出最好的货币，然后将这些货币囤积起来，或者是熔成金银块，熔成的金银块用于出口或打造成装饰品。英格兰维持古老的货币标准的努力没有取得成功。爱德华三世曾试图发行新币，发行的新币的价值应该与普通流通的货币的价值差不多。爱德华三世还试图通过铸造玫瑰贵族金币来阻止低价值的外国货币的流入。铸造玫瑰贵族金币的直接目的是与佛兰德斯进行国际贸易，并且玫瑰贵族金币象征了爱德华三世获得的海洋主权。虽然玫瑰贵族金币的铸造减少了低价值的外国货币的流入，但爱德华三世并没有成功地把低价值的外国货币完全排除出英格兰。14世纪，许多欧洲大陆国家的货币贬值速度非常快。虽然货币贬值使欧洲大陆的国王

爱德华三世统治时期铸造的金币

暂时获得了部分好处，但他们还不完全清楚货币贬值的潜在影响，尽管法兰西主教尼古拉·奥雷姆进行了非常清晰的阐述。最终，英格兰的国王采用了带来灾难性后果的方法来应对货币贬值。在亨利八世和爱德华六世统治时期，英格兰货币大规模贬值。当时，不仅货币尺寸缩小了，铸造货币的贵金属也被掺入大量其他低价值的合金，货币价值贬值。在爱德华六世发行的一系列货币中，货币纯银含量只占总量的三分之一到九分之一。当时，经济学家和货币发行者并没有完全意识到货币贬值造成的影响。在伊丽莎白一世统治早期，货币发行者再次主张货币需包含足值的贵金属的原则，并且使这一原则发挥作用，需要付出很大的努

爱德华六世

力。1561年，银币恢复了原来的纯度，但与金雀花王朝统治时期的法定货币相比，新发行的银币尺寸较小，重量更轻。一磅银不是被铸造成二十先令，而是六十先令。重铸货币标志着有责任心的官员从经验中吸取了有关货币性质的有用教训。正如《公共福利对话集》中阐述的，爱德华六世统治时期公众并不清楚货币贬值的危害，但从伊丽莎白一世统治时期开始，没有哪个时期的英格兰政府会冒险采取故意篡改货币标准的办法。

97●白银价值的下降引发物价上涨　货币尺寸或贵金属纯度的改变，必然会导致所有种类商品支付的货币数量的改变。如果货币的质量变差了，人们就必须为任何一种商品支付比以前更多的货币。用专业术语来说，如果货币贬值，各种商品的价格一定会上涨。爱德华六世统治时期，货币质量太差，造成物价上涨，买家不得不支付比以前更多的先令来诱使卖家卖掉商品。当货币包含的贵金属纯度恢复到以前的纯度时，物价并没有像人们预期的那样回到以前的水平。其中，一个原因是货币的尺寸与以前相比更小了，而另一个原因直到重铸货币多年后才显现出来——用于铸造货币的银比以往任何时候都要多。因此，货币的价值比以往任何时候都要低。16世纪上半叶是白银开始从新大陆大量流入欧洲的时期，白银的价值随之下降，这导致物价无法回到原来水平。与亨利七世统治初期相比，在伊丽莎白一世统治时期，消费者不得不支付更多数量的货币来购买商品。在亨利七世统治初期，白银非常稀缺。然而，随着白银越来越多，物价不断上涨，这种情况一直持续到查理一世统治时期。据粗略估算，伊丽莎白一世到查理一世统治时期，英格兰商品的价格上涨了三倍到四倍。

98●货币的价值标准难以比较长期物价水平　货币和白银价值的变化使人们很难对中世纪和现在的财富价值做出令人满意的比较。在很长一段时间里，英格兰的谷物价格很稳定。在谷物价格稳定的时期，白银越来越多，整个欧洲的物价稳步上升。货币贬值很可能正在缓慢进行，而银币贬值必定会导致商品的总体价格水平上升。然而，有一个时期，物价波动的总范围受到了某种程度的干扰。英格兰士兵从加来和爱德华三世针对法兰西的战役中获得的战利品迅速进入流通中，使1347年和1348年的物价在总体上略有上涨。物价的总体上涨为人们不满立法机关在1351年第一部《劳工法令》中试图强行恢复1346年通用的工资水平提供了现实依据。不过，总体来说，从有账目记录的最早时期到都铎王朝统治初期，生活必需品的票面价格几乎没有变化，只是谷物因为在不同季节里供应量有差异，所以价格略有变化。16世纪和17世纪早期物价发生变化是由于货币的重量减少到原来的三分之一以下。这使货币的价值也降低了，每枚银币的价值只有原来价值的四分之一。采用粗略的方法进行比较后，我们发现，17世纪末和之后的几个世纪里，一先令的价值比15世纪及之前的几个世纪里一便士的价值还要低。尽管我们采用的票面价格比较的方法很粗略，但这可以让我们对不同时代的人的舒适度标准做出清楚比较。由于缺乏关于中世纪商品质量的信息，我们很难将中世纪的物价与当代的物价进行对比。即使可以将两者进行对比，我们也必须记住，现代生活中的许多让人感到舒适的事情不为中世纪的人所知，即使是中世纪的富人也无法完全体会到现代生活的舒适。

99●1696年的货币重铸　从伊丽莎白一世统治时期到英国革命时期，货币的变化相对较小。对货币发行，英格兰内战带来的灾难产生的影响非常小。毫无疑问，在英格兰内战期间，政府重铸货币遭受了非常大的压力。与中世纪时期相比，此时货币交易更加普遍。货币的流通更快，人们囤积货币的欲望减少。政府采取了更多措施鼓励富人把金币交给金匠，金匠再把金币借给商人。当时，用纸币进行交易的设施若非全然不知，至少不发达。仅仅依靠金银进行支付，使英格兰的货币处于耗损的状态。同时，许多货币交易商被指控经常通过剪裁货币来中饱私囊。因此，在威廉三世统治时期，英格兰的货币又处于令民众非常不满的状态。在同其他国家的贸易往来中，英格兰感受到了面临的主要困难。在国外，威廉三世不得不维持大量军备；为了从低地国家获得支付所需的金银，威廉三世被迫采取不利于英格兰的货币汇兑率。为了从佛兰德斯流通的银币中获得一百磅白银，英格兰必须支付经过人为剪裁的票面价值为一百三十三磅白银的英格兰银币。因此，英格兰人的税收负担大大增加了。正如索罗尔德·罗杰斯教授指出的，1696年，英格兰政府重铸货币是为了扭转英格兰劳工所处的严重劣势。不利于英格兰的货币汇兑率逐渐下降，几个月后，英格兰货币与外国货币是等值的，所以英格兰名义付款的货币价值与从佛兰德斯的银行家那里获得的用于军事目的的货币价值完全一致。

100●金币成为标准货币　18世纪，英格兰面临的铸币困难与以前面临的铸币困难的性质不一样。英格兰的货币面临这样一个事实：金币和银币都是标准货币，但不可能维持一种金属兑换另一种金属的固定兑换比率。查理二世统治时期，金币几尼被铸造出来，一几尼的价值约等于银币二十先令。然而，实际中，金币的价值比人们想象的要高，一几尼约等于二十一先令。总体来说，银币的价值被低估了。人们把银币熔成银条，然后把银条换成金币。结果，银币短缺成了英格兰人常常抱怨的问题。银币短缺带来的不便，使重商主义者主张通过立法来保证贸易平衡的学说流行起来，并且充满活力。直到1816年，英格兰政府才真正尝试通过废止银币流通来彻底摆脱银币短缺的困境。当金币成为唯一被认可的价值标准时，银币可以用大量银与其他金属合金来铸造。至于熔化银币，不再有利可图。当支付款项超过一定限额时，人们必须使用金币来支付；债务人不允许使用银币偿还他们的债务。正如金银二本位制者希望的那样，英格兰政府可以通过立法和国际协议制订一个比黄金更稳定、价格波动更小的货币标准。货币价值很容易发生变化，如大量贵金属从新大陆涌向欧洲时，或者如中世纪出现贵金属供应来源枯竭时。也许，黄金和白银的标准组合就像一个补偿摆，会比单独使用两种金属中的任何一种作为货币标准的效果更好。几个世纪以来的经验也表明，无论是在某一领域还是在国际贸易关系中，企图以金银两种金属中的某一种作为货币标准，肯定会造成严重问题。

101●英格兰银行成立并发行纸币　对纸币的使用和其他形式信贷的普及，1694年成立的英格兰银行产生了非常重要的影响。英格兰银行是为政府筹措资金的私人公司，它把一百二十万英镑贷给了英格兰政府，条件是每年获得十万英镑的利息。英格兰银行获得的持续收入使其成为一个强大的、富有的机构。银行能够使自己发行的纸币流通，并且承诺纸币随时可按面值兑换成等值的黄金。纸币就像是真正的金属货币一样。民众相信，纸币可以根据自己的需要兑换成黄金。因此，他们愿意把纸币当作黄金的等价物。在英格兰银行成立后不久，与英格兰银行进行竞争的、私人经营的金匠公司就尝试败坏英格兰银行发行的纸币的信誉。金匠公司试图通过造成挤兑来败坏英格兰银行发行的纸币的信誉。当时，由于重铸货币等一些特殊情况，英格兰银行难以获得必需的金银。然而，英格兰银行粉碎了金匠公司的阴谋[①]。后来，由于英格兰银行通过一系列措施，满足了客户将纸币兑换成黄金的实际需求，这件事并没有对它造成严重损害。金匠公司对英格兰银行策划的阴谋也许是英格兰银行不得不一再面对挤兑问题的一个实例。也就是说，英格兰银行需要决定存储多少贵金属，以便其能够履行自己的义务，为银行发行的所有纸币支付黄金。在苏格兰，1695年和1727年相继成立了两家银行。银行业并不是由一家大公司垄断的行业，如伦敦的受政府管制的金融事务就不是由某一家大公司垄断。很快，各地区就拥有了发展银行业的丰富经验。苏格兰银行曾试图发行一种可自由兑换纸币，以防止类似苏格兰银行面临的突然挤兑。这种可自由兑换纸币不是见票即付的纸币，它需要在一定期限后才可以兑换。不过，由于需要经过一段时间才能兑换，可自由兑换纸币被迫贬值，它不能以与金币或可以随时兑换成黄金的纸币一样的价值流通。在另一个关于埃尔银行的案例中，由于管理者的欺诈，超额发行纸币，埃尔银行倒闭了。这使整个苏格兰都面临着商业灾难。苏格兰的银行根据银行拥有的黄金数量，以及一段时间内可能需要兑换

① 面对挤兑，英格兰银行采取延迟兑换的策略。王室人员，如国王作为大股东，将拥有的金属货币借给了英格兰银行。同时，英格兰银行获得了王室的信誉保证。这使它最终化解了挤兑危机。——译者注

成黄金的纸币数量，预先估测了所有可能出现的失误。因此，如果银行管理人员不存在欺诈行为，苏格兰的银行就能够兑换发行的纸币。正常情况下，银行发行的纸币要么无法以票面价值流通，要么通过普通的贸易渠道迅速回归到发行纸币的银行，而银行对纸币的操作并不会影响整体的物价水平。

然而，英格兰银行处于特殊地位，因为它发行的纸币由英格兰政府担保。18世纪末，当小威廉·皮特一再要求银行预付货款时，行长因无法使用黄金换取银行发行的纸币，被迫于1797年暂停现金支付。当银行暂停现金支付的情况出现时，与纸币有关的常规操作停止运转。纸币成了不可兑换的纸币。纸币的价值取决于它的稀缺性，而稀缺性取决于银行董事的判断。银行一般不会发行数量太

小威廉·皮特

多的纸币。然而，18世纪，根据银行储备的贵金属数量判断纸币的发行数量是否合适的方法已不再适用。物价普遍上涨。不过，这可能是其他原因导致的，如谷物收成欠佳或应对战争的紧急需要。尽管英格兰下议院下属的成立于1810年的金块委员会发现了物价上涨的真实原因，并且指出由于过度发行不可兑换的纸币导致了货币贬值，但英格兰议会和全国民众仍然对此持怀疑的态度。直到1819年，过度发行纸币造成的灾难才得到补救，英格兰银行恢复了现金支付，英格兰再次恢复了金本位制。

102●贷款、银行利率及1844年法案 银行业的发展，尤其是英格兰银行的建立，导致了一些贸易商习俗的改变。商人越来越习惯利用借来的资本开展贸易。通过自己在商业领域建立的信用，商人能够从银行家那里获得贷款。商人不再局限于只利用自有资本开展商业活动，他们利用贷款开展更大规模的商业活动。商人的信用使他们能够获得资本，并且信用制度的发展为贸易扩张提供了巨大机遇。18世纪初，当信用的金融力量得到普遍认可时，人们倾向于夸大信用的重要性，并且把信用当作资本的替代品。不过，贸易公司的信用并不是资本。除非贸易公司的信用被用于借贷，获得可使用的资本，否则信用在很大程度上并不能真正有助于公司的扩张。在信用这件事上，东印度公司和南海公司的董事犯了大错。这两家公司的董事把资本花在获取政治利益上，导致缺乏足够的资本开展商业活动，从而使公司陷入困境。

然而，随着时间的推移，大量资本形成了，商人指望开展日常业务时也能从银行获得贷款。当贸易形势不佳时，银行通常会提高贸易商贷款的利率。如果提高贷款利率是随贸易形势变化逐步进行的，那么当贷款利率提高到一定程度时，很多贸易商就会尽量避免进行银行贷款。银行因此能够避免发放新贷款，从而加强自己的财政管理状况，并且不会对商业界的信用造成任何冲击。银行提高利率会使英格兰的物价下降，从而导致英格兰政府鼓励出口，减少进口，同时以可获得较高利率来诱使外国人在英格兰进行投资。因此，在许多方面，银行提高利率往往会带来对英格兰有利的交易状况，并且流入英格兰的黄金迟早会进入英格兰的银行的金库。因此，银行可以巩固自己的地位，并且以更宽松的条件继续放贷。由于英格兰银行管理得非常好，1763年当汉堡的银行倒闭、欧洲发生大范围信贷灾难时，危机并没有蔓延到英格兰。1782年，英格兰也避免了欧洲大范围信贷灾难的影响。然而，1797年，当小威廉·皮特进行大量借贷时，银行突然大幅提高了利率。这使那些希望得到银行贷款的商人不愿意借贷。在商业忧虑普遍存在的时期，银行突然提高利率的行为引发了恐慌，其带来的严重后果是，在很长一段时间内，城市的贸易难以获得进一步发展。

在银行暂停现金支付和货币部分贬值期间，银行的董事无法利用交易提供的指示做出信贷决策，也无法控制城市的信贷状况。然而，令人失望的是，当银行恢复现金支付时，政府在避免陷入金融困境方面并没有取得人们希望的成功。1825年，英格兰发生了严重的金融危机。将近二十年后的1844年，英格兰政府认为有必要重新规定英格兰银行的权利，于是它通过了《银行特许状法案》。依照《银行特许状法案》，银行发行纸币的部门与银行预付款部门、经营普通银行业务的部门完全分离。通过银行部门的分离，政府试图把与货币有关的困难和与商业信贷波动引起的困难区分开来。《银行特许状法案》的批评者抱怨的是法案做了什么，而不是法案没有做什么。许多人认为，《银行特许状法案》规定的应急办法有可能导致银行仓促采取变动利率的行动，使即将发生的危机恶化，并且会削弱银行随后给予商人需要的帮助的影响。其他批评人士则怀疑，考虑到目前的商业规模，银行是否拥有足够的准备金，以达到人们通常认为的兑换安全的水平。政府会通过某种方式帮助银行度过其面临的任何一段困难时期，这实际上使银行能够以比原本需要少得多的现金来维持英国的信贷体系。

103●征税制度改革 所有货币及金融工具只会被政府逐渐用于公共用途。诺曼王朝统治时期，王室的主要财政支柱来自王室领地的实物（24节）。国王“自食其力”，当他从一个庄园搬到另一个庄园居住时，他的大部分财产被储存起来，用于以后的王室开支。亨利一世统治时期以前，即使是人们交进国库的税收，有时也是用实物支付的。当我们记住国王的军队是依靠个人服务而不是雇佣军时就会明白，货币对国家财政的影响相对较小。实物缴付同样适用于国家其他需求和贸易税收。国王有得到人们认可的获得个人和家庭所需的某些商品的权利，并且有分享进出口货物的权利。当国王的这些权利不再是任意的，而是具有明确规定时，其臣民的权利便得到了真正保护。因此，明确规定国王权利的做法使为国王提供服务的人或公司获得了公众认可的优先行使购买权的权利。不过，即使是在长期议会存在时，为国王提供服务的人或公司优先行使权利的方式也引起了许多人的不满。海关采取了人们可理解的、明确的税率收取关税，葡萄酒的价格受到限制，羊毛贸易过多的通行费被取消，这些都是国王给予国民的真正恩惠。在采用货币收取税收的情况下，用货币定义的税率限制了国王随意征税。这对贸易商来说是一大福音，因为随意征税对贸易的危害最大。

随着爱德华一世和爱德华二世领导下的议会的发展，下议院获得了阻止国王随意征税的权力。在《大宪章》中，下议院的先辈曾抗议国王随意征税。诺曼王朝和金雀花王朝时期，国家对土地和个人财产征收的税是以货币的形式征收的。税收具有随意性和临时性，但每个人应缴纳的税收金额并不是随意确定的。不同的佃农有不同的土地租期，而王室会在不同时间以不同形式对佃农提出税收要求。在一些年份里，佃农会被要求为王室的私有领地提供义务耕作；而在另外一些年份里，他们会被要求缴纳税收。有时，城镇会被征收地租税。亨利三世和爱德华一世偶尔也获得了分享通常归教皇所有的宗教税收的权利。虽然亨利三世统治时期税收征收得非常频繁，人们的税收负担非常沉重，但王室不会要求同一类人连续两年支付同样种类的税。赋税的临时性和随意性使许多人很痛苦，并且说明了货币经济存在的一些弊端。在随意征税阶段，不规律的税收需求为犹太人和其他放债人的活动提供了良机。因此，当安排征税机制时，议会特别注意使征税变得有规律的做法也就不奇怪了。经议会投票表决需要征收的税收虽然仍是临时性的，但都尽可能按照规则税率征收。因此，关于每个人应缴什么税的争论大大减少了。后来，英格兰在征税时最显著的不平等是由于政府不惜代价维持有规律的征税制度和已制订的财政安排造成的，甚至在最初制订财政安排的环境已完全改变的情况下，英格兰政府仍然坚持曾经制订的财政安排。

104●十分之一税和十五分之一税及都铎王朝征收“补助金” 在1334年重要的财政安排中，我们可以找到典型的例子，说明人们倾向于采用固定数额的货币支付税收，而不愿意接受变动的税收需求。在1334年重要的财政安排实施前，对动产征收多少税是通过评估被征税人的实际财产价值来确定的。在某些情况下，国家给予了劳动者拥有的牲畜和劳动工具的税收豁免；在另外一些情况下，税收征收得更彻底。有时国家只对一部分人征税，有时则对另外一部分人征税。然而，1334年，英格兰国王的执政官决定，每一个城镇或村庄都应支付一笔税款。城镇支付的金额约等于城镇内动产的十分之一，村庄支付的金额约等于村庄内动产的十五分之一。十分之一和十五分之一的税收比率意味着总共需要支付大约三万九千英镑。当议会投票通过征收两次或两次以上的十分之一和十五分之一比率的税收时，可以理解成，每个地区至少还要再支付一笔税款。

这种安排一直持续到詹姆斯一世统治时期。然而，在詹姆斯一世统治时期以前，征税就出现了困难。英格兰的一些地区衰败了，衰败的地区无法按照国家要求的税收金额缴纳税款；而其他地区繁荣了，繁荣的地区除按照以前的安排缴纳税款外，无须支付任何额外费用。我们获悉，特别是在15世纪末，许多城镇获得了税收豁免。城镇有时获得了四千英镑的税收豁免，有时获得不少于六千英镑的税收豁免。英格兰政府的开支仍有扩大的趋势。在进行税收豁免的同时，英格兰政府在紧急情况下需要额外的税收援助，如1377年和1381年临时征收的著名的人头税。然而，国王需要承担的保卫陆地和海洋的职责不易履行。国王对某些船收取了护航费用，并且试图组织海岸防御。不过，组织海岸防御等事并没有影响英格兰的一般税收，因为用于海岸防御的税收收入是尽可能从那些直接受益于防御安排的人那里征收的。同时，令人吃惊的是，现今由正规政府机构管理的防御领域，当时是由私人慷慨出资承担的。除了做慈善的人和信仰虔诚的人，很少有人出资维护道路和桥梁。即使是抵御西班牙无敌舰队以保卫王国的重任，也主要由忠诚的臣民来承担，他们自愿帮助伊丽莎白一世。英格兰内战期间，臣民对王室的忠诚和自愿为王室牺牲的精神得到了最后一次体现。当时，查理一世指挥的军队的士兵就具有这种精神。

亨利八世统治时期，英格兰政府重新调整财政制度以适应繁荣的物质环境。在对城镇和村庄分别按动产的十分之一和十五分之一征收税款的基础上，英格兰政府进一步征收了“补助金”：对每年评估的城镇的土地价值按每英镑征收四先令的补助金；对私人财产的评估价值按每英镑征收二先令八便士的补助金。需要缴纳补助金的人被称为“补助人”。1514年，在英格兰政府强制征收补助金后，虽然按规定每次在征收时都要重新评估土地和财产的价值，但在随后的每次征收时并没有真正进行重新评估。英格兰政府每年固定征收近十万英镑的补助金，而每个人支付的补助金比例，仅根据最开始评估出的缴税金额确定。

105●斯图亚特王朝的财政困难 16世纪，对完全采用货币经济的国家，白银贬值带来了严重影响。所有靠固定收入生活的人遭受的影响最大，如大多数庄园领主。在无法提高地租的情况下，庄园领主的货币收入与以前一样，但他们不得不以更高的价格购买自己需要的所有东西。如果普通的庄园领主强烈感受到了这一点，困难就会以一种特殊的方式降临到国王身上。来自王室领地的收入无法迅速增加，并且国王很难从税收中获得额外的收入。越来越明显的是，不管是在紧急情况下，还是在平时，税收必须经常性地为国家收入提供来源。伊丽莎白一世足智多谋、精打细算，她避开了银价下跌给自己带来的困难。斯图亚特王朝的人继承王位后，根据当时需要重建国家财政的任务仍然没有完成。斯图亚特王朝自己犯的错误和一些代理人的愚蠢行为，使它面临的财政困难进一步增加了，但它面临的许多困难其实都难以避免。都铎王朝的国王和朝臣荒废了大部分王室领地。

查理一世

欧洲政治出现的新形势，以及作为欧洲的重要政权，英格兰有必要拥有一支海军，并且增加王室的财政收入。查理一世采取的许多增加财政收入的措施有其实施的必要，他也确实有理由对自己的财政状况感到不满。查理一世获得的收入虽然看起来很多，但实际上购买力并不高。查理一世的失败表明了他和大臣的无能，但部分原因是资源的匮乏。国家的实际支出，以及王室官员的管理不善，使查理一世的财政状况变得越来越差。他的财政状况成为他与议会发生争吵最重要的问题，这种争吵逐渐演变成英格兰内战。查理一世最重要的财政应急办法是设法对国内生产和消费的商品开征消费税。很容易看出来，开征消费税的应急办法对查理一世非常有利。每个消费者可能只需要支出很少的一部分，但国王的总收入将获得很大的增加。在爱尔兰，托马斯·温特沃思做过和查理一世类似的事情，他曾试图征收盐税。如果肥皂的专卖权像构想的那样得以实施，查理一世就能获得肥皂这种商品的消费税。不过，舆论的压力太大了，查理一世甚至不可能通过公开征收消费税来获得收入，并且他也没有采取间接手段来达到征收消费税的目的。

征收消费税的尝试是由于政治家把税收负担分配给了全社会，而不是让它完全落在某些阶层的身上。整个中世纪，即使所有人对国家财政收入都有一些贡献，但肯定有很大一部分人对国家财政收入的贡献很少。十分之一和十五分之一的税收，以及都铎王朝征收的补助金，实际上都落在了庄园领主和城镇户主身上。进口商品类似于奢侈品，而那些不消费进口商品的人则不受进口商品价格的影响。一般来说，对劳动阶层，税收压力没有什么影响。作为增加国王收入的应急办法，消费税的征收得到了议会批准，并且尽量涉及各阶层，但查理一世没能成功征收消费税，征收消费税的方案只能由那些打败查理一世的人来完成。

106●王政复辟时期的财政重构 在英格兰发生内战的紧急情况下，议会被迫采取财政手段筹集资金来支持议会的军队。紧急情况下采取财政手段筹集资金支持军队的做法荷兰人曾尝试过，他们的经历证明了这一做法有效。议会每月向庄园领主或佃户征收税款，而佃户每月可以从庄园领主那里得知应缴纳的税款。议会还对啤酒征收了消费税。征收消费税虽然很不受民众的欢迎，但能够获得大量税款；并且消费税一旦实行，就成了永久的收入来源。作为赚钱的机构，邮局成功运作的时间可追溯至开征消费税的时期。在斯图亚特王朝王政复辟时期，英格兰的国家财政体制得到了重建。作为增加国家财政收入的两种应急办法，邮局的运作和征收消费税得以保留和延续。重建的、新的国家财政体制并没有沿用至查理一世垮台时的古老方法，而是遵循了议会采取的征收消费税的临时方法。

王政复辟时期的议会是第一个有意接受新秩序[1]的机构。议会通过征税支付国王的日常开支。征税在任何时候都是一个难题，但在王政复辟时期的特殊情况下，当英格兰正遭受战争和空前严重的饥荒影响时，议会要想出合适的应急办法适当增加收入并不是一件容易的事。议会努力为国王每年提供一百二十万英镑的固定收入，其中，有超过十万英镑是通过征收永久的消费税而筹集到的。永久的消费税代替了国王从土地监护权和财产所有权的让渡等封建特权中获得的财富，而国王放弃了国王或王室以低价征用供给、人力、车马的特权，以及商品的优先购买权。国王和议会的相互妥协使庄园领主特别是私有领地的租赁者获得了好处。消费税的负担落到了民众身上。将土地负担转嫁给普通消费者的安排受到了很多批评。当时，可能很少有人想到这一点：公众已经接受消费税了，与试图通过大幅提高对土地的直接征税来增加财政收入相比，通过使现行的征收消费税的制度永久化来增加财政收入遇到的阻碍要更少。在征收土地税的同时，议会小小翼翼地维持现有征收消费税的安排。议会在伦敦周边各地征收的土地税金额与在其他地区征收的土地税金额不同，这反映了议会在向保王党人掌控的地区征收税收时面临的困难。不过，奇怪的是，尽管不同地区征收不同的土地税金额不公平，但提供了英格兰人倾向于按已知的价格付款，而不是采用一种更灵活、不那么有规律、更公平的方法的例证。王政复辟时期的议会大概很少考虑公平问题，它主要关心的是国家能否获得税收收入。然而，议会通过维持不同地区原已形成的税收制度，来避免因改变征税方法而产生的冲突。议会通过广泛地分配税收负担，能够建立稳固的税收收入制度的基础。通过税收收入制度，英格兰政府的日常开支可以定期从税收收入中支出。

107●公众借款与银行　到目前为止，我们已回顾英格兰在国家事务中引入货币经济后财政制度的变化。不过，信贷发展也很重要。很少有英格兰国王能够不欠

[1] 新秩序指资产阶级在附以妥协条件的基础上允许斯图亚特王朝的人重建政权，但王权不再是以往的君权神授，而是议会给予的，议会还有权决定王位继承人。——译者注

债。部分国王，如爱德华三世，对自己的债权人不守信用。1641年，出于对英格兰议会和查理一世共同安全的考虑，查理一世被迫借钱付款给苏格兰军队，并且因此丧失了解散议会的权力。在王政复辟后，向公众借款已成为常规财政方法的一部分，不只是在紧急情况下才启用。英格兰政府习惯于向金匠借已经通过议会投票但还没有征收的补助金，而金匠希望政府能在税收征收后就立刻偿还欠款。然而，1670年，查理二世停止从国库中拨款向金匠支付欠款，试图将税收收入留在自己的手中。在城镇中，查理二世这种背信弃义的行为引起了极大恐慌。许多将存款借给国王的公众也成为受害者。英格兰政府向借款给国王的债权人支付了部分利息，但从未归还本金。在某个时候，英格兰政府的借款转变成了国债。

可以说，作为一种常规制度，国债的起源可以追溯到威廉三世统治时期。威廉三世与路易十四进行了一场旷日持久的战争，并且准备竭尽全力继续进行下去。建立英格兰银行是在威廉三世急需筹措资金时匆忙提出的方案。当时，其他财政项目都失败了。英格兰银行不太受议会欢迎，但在城镇里，它受到了城镇居民的欢迎。在与路易十四进行战争时，威廉三世通过英格兰银行一次性获得了一百二十万英镑，他只需要再通过税收筹集十万英镑即可。威廉三世还通过加强那些从银行认购国债的富有阶层的凝聚力，获得了巨大的政治优势。认购国债的人从认购国债支出的货币中获得永久的固定利息。该利息的支付以政府的信用和政府从船舶吨税中获得的收入做担保。认购国债的人还垄断了银行业务，从一开始他们就大发横财。不过，通过发行国债获得所需款项的应急做法隐藏着危险。政府被诱导，在谈判过程中，它一再给予公司特殊的贸易特权以获取巨额贷款。东印度公司和东印度贸易公司的冲突，以及南海公司随后的经历充分说明了这一时期金融野蛮扩张的特征。

乔治时代[①]初期，英格兰政府对应付紧急情况的迫切货币

① 指从1714年乔治一世即位到1830年乔治四世驾崩这一段时间。——译者注

罗伯特·沃波尔

需求有所减少，它的注意力集中在偿还债务应采取何种做法上。利息压力，再加上政府开支，使英格兰政府想要筹集足够的财政收入绝非易事。罗伯特·沃波尔和平外交政策的出台很可能就是因为英格兰政府想要改善财政状况。英格兰的国家资源稳步增加，但增加速度非常缓慢。英格兰政府很难获得必要的收入，还必须非常小心地维护国家日益增长的财富。因此，1721年到1742年，罗伯特·沃波尔担任首相期间，整个国家的税收按照商业体系的原则进行了重新调整。罗伯特·沃波尔通过引进保税仓库，使英格兰成为转口贸易的仓库；他还将征收外国制成品的关税和给予本国产品出口的奖励制度化，努力制订有助于实现国家全面繁荣的关税安排。很早的时候，罗伯特·沃波尔制订的关税原则就已被提出来，但只有在他的领导下，该关税原则才得以始终如一地付诸实施。正如前文指出的，人们有理由怀疑英格兰政府指导和培育民族工业发展的方法是否合适。生活中，一些行业的发展受到了限制，一些行业存在欺诈，还产生了很多不公平的贸易。人们认为，罗伯特·沃波尔善意的努力带来的好处，被浪费掉了。同时，我们必须记住，无论罗伯特·沃波尔的税收制度是否导致了一些行业的发展受到限制，在他实施的系统化的税收制度下，英格兰经济生活的各个方面都实现了稳步繁荣。罗伯特·沃波尔是第一个认真考虑税收问题的英格兰政治家，他的目的不仅仅是获得税收收入，还想要实现增强国家实力这一明确目标。

对罗伯特·沃波尔的税收原则，亚当·斯密提出强烈反对。亚当·斯密认为，税收不应被用来实现任何商业目的。亚当·斯密曾经有机会在法兰西研究不同国家的财政制度，他把经济学原理应用于税收的征收范围和征收方法上，比以前的研究人员做得更好。在亚当·斯密的影响下，吉尔福德伯爵弗里德里希·诺斯提出了继承税。在1783年小威廉·皮特担任首相时，1776年出版的《国富论》产生的影响已体现得比较明显。小威廉·皮特听从了亚当·斯密关于税收负担的观点，并且在分配税收负担时，尽量减轻穷人的负担。该做法在小威廉·皮特早期的职业生涯中体现得很明显，在19世纪初他制订的征税方法中也体现得很明显。小威廉·皮特评估个人应缴纳税款的方法主要是三级评估法[①]，这可能是评估个人所得税方法的先导。小威廉·皮特不顾后果地进行借贷。当政府信用逐渐耗尽时，小威廉·皮特没有以高利率借款，而是以相对较低的利率借款。在相对较低的利率借款时，政府每借款一百英镑，但实际只能获得八十英镑到九十英镑。通过这样的方式，小威廉·皮特使国家背负了巨大的债务。因为国家背负的

① 三级评估法是将个人收入划分为三个级别，每个级别的收入对应不同的税收比率。——译者注

债务以低利率运行，而随后获取的贷款并不能很快偿还掉原来背负的债务。尽管小威廉·皮特的借款行为是鲁莽的，但他在减轻整个社会的税收负担方面获得了很大的成功。

小威廉·皮特减轻整个社会的税收负担方面的工作由威廉·赫斯基森和罗伯特·皮尔继续进行。对减轻穷人的税收负担，威廉·赫斯基森和罗伯特·皮尔很感兴趣。同时，他们认为，通过减轻穷人的税收负担，国家将实现整体繁荣。正是出于减轻穷人税收负担和实现国家整体繁荣的目的，罗伯特·沃波尔构建了复杂的税收制度和出口奖励金制度。一个世纪后，经过仔细权衡，金融家想要移除罗伯特·沃波尔构建的制度。不过，移除罗伯特·沃波尔构建的制度貌似是一种危险的实验。贸易萧条带来的灾难，使英格兰政府很难做到财政收支平衡。尽管如此，它还是进行了关税改革。在税收豁免政策能够刺激贸易发展，并且以更低的税率带来更多的财政收入前，罗伯特·皮尔谨慎地征收了一些临时税。征收的临时税可能会成为英格兰政府财政收入的来源。罗伯特·皮尔制订的税收方案，在实施后都取得了非常大的成功。1846年，《谷物法》被废除时，自由贸易实验达到了高潮，人们更清晰感受到了工业的迅速扩张。由于罗伯特·皮尔的实验已被证明是成功的，我们似乎没有必要提及他的税收制度在实践中遭到的批评。不过，我们必须记住，通过商业条约，英格兰在实现普遍的自由贸易方面取得了进展。尽管突然采用自由贸易政策在当时给英格兰带来了很大的贸易优势，但在其他国家推行不利于英格兰的关税时，英格兰失去了与其他国家谈判的手段。

109●货币经济的优势 在普通交易中，没有人会真正希望恢复以物易物的做法。毫无疑问，在许多方面，货币代替实物和个人服务支付给国王是有利的。税收负担更明确、更有规律、分布更广、调整更方便；并且在许多方面货币金融都带来了实际的好处，特别是在工业方面和贸易方面。在很大程度上，这些在国家事务中获得普遍认可的优势是其他生活部门从税收制度的变化中获得的特有利益。一定时间内，依靠固定工作获取固定工资的人可能过着艰苦的生活，但与奴隶或农奴相比，他的义务更明确，报酬也更明确（125节）。频繁的议价和竞争为精力充沛、富有进取心的人提供了机会；在某些情况下，议价和竞争不利于弱者和无知者。不过，至少在货币制度下，我们可以明确描述那些最贫困的人的状况和资源，而在更原始的经济制度下，这些细节不可能被清晰和明确地叙述。了解穷人的穷困程度和造成贫困的原因是找到补救办法的第一步，而用货币经济代替自然经济为我们提供了了解穷人的穷困程度和造成贫困的原因的手段。

○ 书写《末日审判书》

约瑟夫·马丁·克隆海姆（Joseph Martin Kronheim，1810—1896）绘

○ 珍妮纺纱机

○ 英国斯皮塔菲尔德编织、17世纪

○ 詹姆斯·瓦特和蒸汽机

詹姆斯·埃克福德·劳德（James Eckford Lauder，811—1869）绘

○ 英国工厂内部，18世纪晚期

○ 英国谢菲尔德钢铁厂的烟囱，19世纪

○ 英国的采矿业，19世纪

○ 英国矿工和煤炭运输，19世纪

○ 威尔士的工业景观。后面情景清楚地显示了炼铁厂的高炉喷出火焰。前面的情景是铁匠家的绿地和花园的对比

○ 詹姆斯·纳斯迈思的蒸汽锤竖立在
曼彻斯特附近的铸造厂，1832年

○ 英国西米德兰兹郡的布莱克乡村地区，1869年

○ 英国杜伦郡西哈姆附近的默顿煤矿，1843年

○ 英国皇冠玻璃厂的工人，19世纪初

○ 从科尔萨尔摩尔看到的曼彻斯特——田园和30万人口的繁华城市之间的鲜明对比，1857年

○ 英国斯塔福德郡的奇思妙想发动机在采煤，1850年

○ 英国繁忙的街景和后面的工厂

○ 英格兰泰恩赛德莱明顿钢铁厂的熔炉，1835年

○ 威尔士弗林特郡霍尔威尔附近的格林菲尔德黄铜厂，18世纪末

○ 工业革命期间工人操作漂白厂机器，18世纪

○ 列车穿过伦敦西北铁路上的斯托克波特高架桥。河水的污染严重，冒着烟的烟囱和铁路高架桥占据了大部分画面。左侧是行人和马车通行的道路，1845年

○ 伦敦布里克巷煤气灯店的蒸馏罐，1822年

○ 一名妇女演示操作第一台缝纫机，19世纪50年代

○ 利物浦铁路局，19世纪

○ 印花布印刷机由中央能源（蒸汽或水）通过齿轮由皮带和轴系提供动力。手绘版画，伦敦，1834年

○ 工人操作自动走锭纺纱机纺棉花

○ 伦敦尤斯顿车站，展示锻铁结构屋顶，1837年

○ 卢德分子的领袖

第 8 章

农 业

110●大面积耕作制度 在追溯技术进步的过程中，没有哪一种技术比农耕技术更容易追溯的了，它从很早时期开始就在不断进步。

原始农业是大面积耕作。大面积耕作制度只能由拥有大面积土地的民族实行。每年，从事农业的人都要开垦足够多的空地种植农作物，以尽可能充分地利用他们拥有的家畜和种子。现今，在世界上一些地区，如印度的某些地区，仍然采用大面积耕作制度种植农作物。人们通过燃烧野草和灌木来清理土地。阻碍农作物生长的野草和灌木燃烧后的灰烬留在土壤里，在清理土地的当年为农作物生长提供有效养分。农作物收获后，这部分土地就被闲置了。随后的几年，其他土地依次被用来种植农作物，直到经过几个年度的间隔后，人们再次使用早些时候曾被耕作过的那部分土地进行耕作。如果人们经过八年到九年才需要回到原来的土地上耕作，那么土地将有足够时间恢复原来的状态，大面积耕作几乎可以无限期进行下去，并且土地的肥力不会被耗尽。

大面积耕作制度的适应性很强，它可以被游牧民族采用。游牧民族没有固定居所，但在庄稼需要收割时其可以在某个地方停留。即使是从事航海业的人也可能在岸上逗留几个月，种植农作物来为自己补充食物。在环绕非洲的航行过程中，腓尼基人就是这么做的。在诺森布里亚，丹麦人也采用了类似做法。大面积耕作制度是最简单、最省事的制度。对已经安定下来的民族来说，好几代人可能都会实行大面积耕作制度；同时，对熟悉并习惯使用更精细的耕作方法的人来说，大面积耕作可以作为其补充资源的手段。作为补充资源的手段，在阿伯丁郡，大面积耕作制度幸存下来。在阿伯丁郡，人们在城镇外的土地上进行大面积耕作，而在城镇内的土地上则采用一种更高级的耕作制度。

然而，如果一个家族或多个家庭能支配的地区受到极大限制，使人们不得不在五六年内返回到相同地区进行耕作，那么人们就没有足够的时间让自然施展恢复能力，土地就会变得贫瘠。在我们谈及的农业采用大面积耕作制度的时期，当所有土地被用于耕作时，人们通过依次使用土地，并且尽可能充分地利用土地，使土地不会变得贫瘠。当土地变得贫瘠后，人们就必须采用人工手段恢复土壤的肥力，于是集约耕作开始了。集约耕作是指人们用粪肥或其他肥料来补充土壤的养分，以便可以更频繁地使用土地进行耕作，并且土地不会变得贫瘠。与采用原始方法进行耕作的时期相比，农业技术的进步使人们能够从土地上收获六倍到七倍的粮食。进行耕种的人每年都能从土地上得到一些产品，并且土地没有遭受破坏。人们通常认为，在租期结束时，土地租赁者会把土地完好无损地归还给土地所有者。对从事农业的人来说，关键问题在于如何安排自己的事务，使自己能够有规律地并尽可能多地从土地上获得产品，同时土地不会变得贫瘠。从事农业的人如果想从土地上得到很多产品，就得付出更多努力。即使是最简单的集约耕作制度，人们在搬运和播撒肥料、进行深耕时耗费的劳动，仍然要比大面积耕作时多得多。

111●收益递减 认识到这一点，我们就能更清晰地把握农业进步的一般规律。一旦采用集约耕作，人们如果想要从土地上获得更多产品，就必须在土地上投入更多。进行集约耕作的人虽然能从土地上得到更多产品，但需要进行日益艰难和成本昂贵的操作。因此，一个自然法则被提出来，即收益递减法则。在集约耕作盛行的任何时期、所有地点，该法则都适用。每增加一次劳动或资本，土地上庄稼的产量就会增加，但增加的速度与以前相比有差异。无论是在上一年投入的基础上增加一个星期的劳动，还是增加十个单位资本的投入，当年做的每一项新努力的报酬率都将低于以往同样的努力获得的报酬率。翻倍的劳动可以确保庄稼产量大大增加，但产量仍将低于两倍。虽然产量增加了，但增加的速度更慢。

我们认识到，劳动只是农作物生长必需的要素之一。这一观点是正确的。我们可以投入加倍的劳动，但没有加倍的阳光和空气；加倍的劳动只是改善了农作物产量增长依赖的部分条件。然而，我们还必须注意到其他几点，以使收益递减这一自然法则对社会事务或人类进步具有指导意义。如前所述，收益递减法则只适用于任何已知的确定性条件。如果技术进步到让人们明白如何能更好地避免让土壤变得贫瘠，收益递减法则的作用就会暂时停止。轮作目前是一种比较好的措施，它可以使土地得到相对频繁的利用，并且不致过度消耗，还不涉及任何大量额外的劳动或资本的增加。轮作有助于防止土地被过度消耗。耕种方式从集约耕作改进成轮作，极大提高了人类从土地上获取食物的能力。这种改进非常重要，使人们可以用比以前更少的劳动和资本从面积更小的地区获得足够的食物。然而，如果我们以轮作这种新耕作技术的出现时间为起点，收益递减法则将再次在人们通过进一步努力争取额外的生存资料方面发挥作用。农业可通过改进耕作方法和增加投入来获得进步。避免土壤耗竭的技术已有进步。不过，如果避免土壤耗竭的技术没有改进，人们就需要增加投入来弥补土壤耗竭造成的损失，并且补充土壤中被耗竭的成分。在防止土壤耗竭方面，人类的进步非常快。与诺曼征服时期相比，现在人们想要获得满意的农产品产出额，是否需要增加用于耕作的人的劳动和牲畜的劳动，这是值得怀疑的。

112● “开放的土地” 当集约耕作开始盛行时，农业进步具备了更好的条件。采取的大多数措施其效果能持续一年以上，并且集约耕作并不是一下子就用尽了土地中的资源。因此，反复使用同一块土地，而不是随意更换土地是明智的，尽管在大面积耕作制度下更换土地是一件很自然的事。采用集约耕作的家庭或村庄宁愿拥有固定的土地，不断在同一块土地上反复耕作，而不是年复一年更换土地，即使有足够的土地能够让他们以改良的形式继续原来的轮作方案。因此，在中世纪，每个村庄都有固定的土地，土地以村庄为单位，被长期分开来耕种。村庄的土地有固定的标记，被不同的人占据的土地由狭窄的草地或未耕地分割开。狭窄的草地或未耕地将一大片土地分成几英亩或半英亩的地块。一个世纪以前，未耕地很常见。不过，从集约耕作时期开始，未耕地几乎全部被开发了，而在各处留下的少数未耕地被认为是曾经普遍存在的轮作制度的残存物。村庄的土地被称为开放的土地，因为一年中除了庄稼生长的那段时间，土地之间没有围栏。在庄稼收割后，牲畜可以不受限制地在整个村庄内活动，获得它们能接触到的任何东西，无论是公共荒地的草，还是土地里残留的农作物。

开放的土地被称为共同土地，尽管开放的土地在历史上并不是共同所有。诺曼征服时期，在普通的村庄里，庄园领主拥有的土地很大一部分由佃农耕种，供佃农使用。佃农的土地可能和庄园领主的私有领地混杂在一起。拥有一威尔格或一雅兰土地的佃农，将占据约三十英亩的分散在田野各处的条状土地。就像草地一样，每威尔格土地都是明确分配的，任何分配好的土地都不是公共财产。只有当一年的耕作结束后，土地变成了公共荒地时，佃农才有使用土地进行放牧的权利。所有有土地可耕种、有牲畜帮助耕种的佃农似乎都有在公共荒地上放牧的权利。尽管村庄的土地不是作为公共财产由佃农共同所有，但很有可能，每个村庄的不同财产所有者以相同的方式共同完成了大量工作。佃农联合起来，组成了耕作队伍，为庄园领主的土地耕作。佃农还可能被安排了大量的集体工作，他们需要将种植的农作物按照土地分布分成两种或三种类型的布局，共同制订必须采用的耕作方案。

开放的土地制度被称为混合所有制，在苏格兰，它被称为开放式操作制。开放的土地制度的具体操作非常不方便，导致我们很难理解这种制度是如何被采用的，以及为什么要保留这种制度。开放的土地制度可能更公平。在开放的土地制度下，人们可以根据土地的质量、光照等条件，更公平地分配不同的土地。几乎没有理由相信，任何时候，一个村庄的所有村民在地位或财富上是平等的。村民会尽力维护那些处于同样地位的村民间的公平。作为一种奇怪的土地制度，开放的土地制度除了能让村民尽力维护同等地位的村民间的公平，找不到其他存在的理由。最开始，村民可能是出于方便分配土地的原因才采用开放的土地制度。后来，因为很难用其他的制度来代替开放的土地制度，所以它才得以延续下来。当人们还没有掌握土地测量技术，也没有明确的测量土地面积的方法时，最简单的做法就是用犁将土地分成几份，一个人一天用犁耕出的土地为一份，然后将每份土地依次分配给佃农。毫无疑问，这种方法是大面积耕作制度下采用的分配方法，到集约耕作时土地不需要再进行重新安排。18世纪，当开放的土地制度的弊端变得明显时，农民难以接受任何改变。圈地意味着将分散的土地圈占为单独的几块土地。不过，对地方长官来说，将圈占的土地重新分配给农民，确保重新分配给农民的土地与农民原来被剥夺的土地价值相等并不是一件容易的事。即使完全清楚开放的土地制度存在的弊端，抛弃这一制度面临的困难，或许在一定程度上有助于我们理解这一制度为什么被保留了许多个世纪。

113●二田制与三田制　关于中世纪的耕作方法，我们掌握的最充分的资料可以在前面提及的亨利三世统治时期编纂的关于畜牧业的著作中找到。其中，最著名的著作是亨利三世统治时期亨利·德·沃尔特撰写的。亨利·德·沃尔特撰写的指导庄园领主管理庄园的手册，是帮助我们描绘过去的农业状况最有用的参考手册。亨利·德·沃尔特描述了二田制和三田制两种不同的耕作方法，并且比较了人们在二田制和三田制下需要做的工作，虽然这两种耕作方法涉及的劳动量完全相同，但结果有很大差异。

根据二田制，亨利·德·沃尔特做出如下安排：初冬，人们在第一块土地上播种了小麦或黑麦。第二年夏天，将小麦或黑麦收割掉，剩下的残株留在地里，一直到第三年夏天。因此，从第二年夏天到第三年夏天，人们在第一块土地上做的唯一工作就是收割庄稼。第二块土地呈现的是更活跃的场景。春末夏初，第二块土地上前一年的残株被破坏掉，并且该块土地被翻耕两次；接着，这块土地休耕几个星期，然后再被翻耕一次，在初冬播种小麦或黑麦。因此，当一块土地全年都种植庄稼时，另一块土地要翻耕三次，休耕几个星期，最后再种上小麦或黑麦。

三田制与二田制类似，除了要引入一个过渡年份。在每一块土地都种上小麦或黑麦后，按照计划，通常还要再种一季大麦或燕麦。大麦或燕麦是在春天播种的，在播种前，土地已翻耕过一次。秋天，收割大麦或燕麦。种植大麦的时间是介于种植小麦的时间和休耕的时间之间。根据三田制的安排，土地上有两年种植农作物。两年种植的农作物分别是小麦和大麦，在小麦和大麦被收割后，才是一个年度的休耕期，而不是种植一年农作物后就接着休耕一年。显然，如果采用三田制，从土地上获得的收益将会比二田制大得多。三田制下每年有三分之二的土地是耕地，而二田制下只有一半的土地是耕地。

亨利·德·沃尔特使我们能够更仔细地比较二田制和三田制。他还评估了由八头牛组成的团队能在二田制或三田制下完成的工作。该团队一年能完成的全部工作是二百四十英亩土地的单次耕作。在二田制下，该团队可以完成一百六十英亩土地的耕作；在三田制下，该团队可以完成一百八十英亩土地的耕作。如果采用的是三田制，那么在春季播种大麦以前，该团队需要先翻耕留有小麦残株的六十英亩土地，夏天还要再翻耕三次土地，总共翻耕二百四十英亩土地。如果采用的是二田制，该团队可以管理两块面积各为八十英亩的土地。其中，有一块土地种植了农作物，该团队不需要做任何工作；而另一块土地需要翻耕三次，该团队需要做翻耕二百四十英亩土地的工作。因此，三田制下，该团队可以用一百二十英亩的土地种植农作物，而二田制下只可以用八十英亩的土地种植农作物。

在《末日审判书》调查进行时，二田制和三田制同时存在，尽管在《末日审判书》发布后，三田制的应用可能变得越来越普遍。此外，英格兰还产生了改进后的二田制，这引起了我们的兴趣。改进后的二田制把土地分成两块。每块土地每隔一年收割一次，但第一年种小麦的那一块土地，在收割完小麦并经历休耕后，会种上大麦。每一块土地每四年都经历了下列轮作：小麦、休耕、大麦、休耕。后来，人们又引进了其他农作物。我们可以称呼这种改进后的二田制为四田制，即土地上轮流种植小麦、萝卜、大麦、苜蓿。直到18世纪，人们才尝试系统性地科学轮作引进的、经过改良的农作物。

因此，我们可以说，从诺曼征服到17世纪或者18世纪，二田制或者三田制一直是人们公认的日常耕作方法。在这个时期的很长一段时间内，农业技术没有取得显著进步。亨利·德·沃尔特在亨利三世统治时期写的《耕种》一书，直到亨利八世统治时期才被安东尼·菲茨赫伯特撰写的著作替代。

英国农夫耕作的场景

114●黑死病导致牧羊业蓬勃发展 1349年席卷英格兰的黑死病夺走了大约一半人口的生命，这引起了乡村生活的一系列变化。劳动人口大幅减少，使英格兰人不可能再按原来的规模耕作，耕地面积大大缩小。如上所述，原来的庄园领主管家负责的耕作制度不再有利可图。社会群体的重新划分和从事耕作的新居住者的引入是一个渐进的过程。劳动力的缺乏和人们对羊毛的需求使土地所有者放弃耕作，转而从事牧羊业。土地所有者将土地的用途从耕地变为牧场，为布料业提供服务。土地所有者出售羊毛，并且获得了丰厚的利润，这是英格兰资本主义农业的最初形式。在黑死病爆发前，维持生计一直是庄园领主管理庄园要实现的主要目标。黑死病结束后，越来越多的人将农业视为一门生意来经营，那些投资农业的人像其他商人一样，从产品的市场价格中寻求回报。

从早期的一些论述中，我们可以清楚看到，中世纪时自给自足制度普遍存在。例如，在为多数庄园领主写的论述中，亨利·德·沃尔特明确推荐了自给自足制度。庄园内的耕作是为了尽可能满足家庭需要，这样就可以把农产品的销售量减到最低限度。庄园的通常做法是，农产品先用于供养家庭，供养完家庭后，剩余的农产品才被拿到市场上去出售。这一切反映在庄园的账目中，庄园的账目以货币的形式详细记载了庄园的许多支出和收入。不过，在庄园的账目中，谷物是以蒲式耳[①]作为单位计算的，并且只计算实际投入市场的谷物数量和以当时价格出售获得的货币。庄园领主可以更加方便地运送谷物。在运送谷物时，他们习惯按蒲式耳计算运送的谷物数量。对那些在谷物运送方面存在较大困难的拥有小块土地的佃农来说，他们一定会遵循庄园领主按蒲式耳计算运送的谷物数量的习惯。

这样看来，13世纪到14世纪，在英格兰各地，自给自足的农业普遍存在。农业领域中，只有很小一部分领域引入了货币经济。从事农业的人的耕作与市场无

① 蒲式耳，谷物等的容量单位。在英国，一蒲式耳约等于36.37升；在美国，约等于35.24升。——译者注

关，他只是把超过需要的、剩余的农产品拿到市场上出售。这种情况与后来发生的情况形成了奇特的对比。中世纪，谷物的价格只代表剩余谷物的销售价格。我们可以说，在出售前，任何一种农作物首先要满足乡村人口的需求。在自给自足的情况下，我们应预料到，未来农产品价格的波动会比以前更大、更迅速。因为在未来，所有收成首先需要通过变卖变成财富；然后，农场主用获得的财富购买生存必需的粮食。更进一步说，由于农民的耕作是为了生存，而不是为了利润，所以农产品价格波动并不会直接影响到他们。农民扩大或缩小耕作面积是由自己的家庭需求引导的，而不是由自己剩余谷物的出售价格引导的。当我们注意到，大卫·李嘉图在19世纪初写的关于谷物地租的解释假定的通常的、有规律的条

大卫·李嘉图

中世纪庄园里农民收割庄稼的场景

件没有一个在15世纪出现过，这种对比就变得很奇特了。人们认为，中世纪农产品根本没有进入市场；耕地面积的扩大或缩小也不取决于谷物的市场价格，而是取决于单个家庭的需求。庄园领主管家的工作不是为了获得收入，而是为了单个家庭的生存。当然，在黑死病爆发前，英格兰存在许多从事耕作的大型庄园。在从事耕作的大型庄园中，劳动力被精心组织起来。从事耕作的大型庄园获得并储存了大量财富。不过，这并不是现代意义的资本主义事业。我们知道的资本主义的耕作是非常现代的事情，因为资本主义的耕作与牧羊有关。所以我们首先看到的是富人在经营乡村事业时投资于养殖牲畜，并且在市场的指引下进行经营。富人能够利用黑死病创造的条件。黑死病结束后，富人可以很轻易占据无人居住的或空置的土地来养羊，他们的这种动机很强烈。15世纪到16世纪，随着羊毛价格上涨，侵占耕地发展牧羊业的诱惑变得更强烈。乡村人口迅速减少，使英格兰政府非常担心国内的粮食供应。因此，如前文所述（50节），经过深思熟虑后，英格兰政府做出各种努力来阻止乡村人口的迁移。

115●轮作经营 然而，大约在16世纪初，一种被称为轮作经营的方法被引入耕作。这使人们可以在更小的耕地面积上获得更多的粮食。轮作经营由牧场和耕地交替经营组成。一部分可耕地在长满草被当作牧场一段时间后，又被用作耕地。与每隔两年或三年休耕一次相比，这给了土地更好的恢复机会，避免了土地肥力的永久衰竭。佃农拥有的土地不再是位于开阔的田地里分散的条状土地。过去，在公共荒地的草地上，佃农拥有放牧的权利。轮作经营开始后，佃农拥有的是六个或几个单独的封闭区域的土地。其中，佃农使用三块地来种植谷物。这样一来，佃农就可以保持原来的种植小麦、种植大麦、休耕的交替的耕作方法。一块地用作饲养牛的牧场，另一块地用作饲养羊或其他牲畜的牧场，还有一块地用作草地。到了冬天，当佃农觉得寻找草料比较困难时，就可以在自己拥有的五块地上放养饲养的牲畜，剩下的一块地可以用来种小麦。用矮树篱围起来的土地为牲畜提供了更好的栖身之所。与将村里所有牲畜放养在公共荒地上，让它们一下子把村里的草吃完相比，轮作经营让佃农可以更好地饲养牲畜和使用公共荒地。轮作经营有利于耕作，因为饲养牲畜的牧场几年后将被用作耕地，而在饲养牲畜的过程中，土地变得更肥沃。

为了耕作和放牧进行圈地符合公众利益。消费者可以购买到更多的谷物和食品，而庄园领主可以根据自己的经营需要更合理地安排自己的土地用途。圈地后，尽管耕作面积减少了，耕作的需要也减少了，但与矮树篱修剪和挖沟有关的劳动力需求增加了。从各个方面来看，通过圈地进行轮作经营可以节省巨大的成本，尽管这种安排有可能会减少就业机会。然而，在许多情况下，圈地只是为了放牧。开放的土地和公共荒地都变成了供牲畜居住的畜栏。结果是，除了牧羊人和牧羊人的狗，乡村不需要任何劳动力，并且乡村的人口在不断减少。在这一段时间里，很难区分圈地是为了形成大型的种植谷物的农场和牧羊场，还是为了引进轮作经营。形成大型的种植谷物的农场和牧羊场，以及引进轮作经营都需要进行圈地，但为形成大型的种植谷物的农场和牧羊场的圈地伴随着乡村人口的减少，为引进轮作经营而进行的圈地不会导致乡村人口的减少。轮作经营不涉及佃农的土地持有规模或租赁数量的改变，而大型的种植谷物的农场和牧羊场则会导致这些方面发生改变。与佃农认可的圈地方式相比，拆毁耕种用的房屋被认为是恶意圈地的主要标志。

想要追溯15世纪到16世纪圈地运动的轨迹存在一些困难。如果以沃里克郡为例，我们会发现，该郡东南部的大部分土地于1459年就被圈占了。约翰•罗斯声称，圈地的结果是人口迅速减少。在爱德华六世统治末期，我们发现了关于沃里克郡圈地的抱怨，就好像圈地是个新事物一样。令人惊讶的是，在伊丽莎白一世统治结束两百年以后，沃里克郡的土地仍然没有被完全圈占，还保有开阔的土地。我们得出这样的结论，反对乡村人口减少的抗议不断被证明是成功的。任何时期，乡村人口以不同寻常的速度减少，对国家来说都是一件危险的事。我们掌握的最完整的资料，是关于1517年之前的三十年。人们最严重、最普遍的不满表现在爱德华六世统治时期。我们最后一次听说人口减少，是在16世纪最后十年在羊毛价格上涨的刺激下发生的。之后，人口减少就没有再发生了。人们对谷物的需求已变得非常大，因此，只放牧而不进行耕作的土地管理不是一种好的土地管理办法。詹姆斯一世统治时期，随着乡村人口的减少，英格兰的圈地运动停止了。

与英格兰相似的经济原因，使爱尔兰和苏格兰后来都出现了与圈地运动类似的运动。在王政复辟后不久，英格兰资本家发现了很好的投机领域，就是在爱尔兰饲养牲畜。资本家很乐意组建大型牧场。因此，原来的佃农被赶走了，土地留给了牲畜群。资本家从牲畜饲养中获得了非常可观的利润，并且很容易就可以将佃农拥有的少量土地并入牧场。虽然经营牧场是非常成功的市场投资行为，但爱尔兰人不喜欢牧场，因为牧场使土地上的人口减少了。正如前文提到的，英格兰土地所有者的经济嫉妒，再加上英格兰辉格党人的政治嫉妒，这些阻碍了爱尔兰牧场的发展（93节）。

对苏格兰高地的土地所有者来说，经营养羊场和鹿林是可以获取利润的投资事业。佃农和手工艺人的土地经常被迫用作养羊场或者鹿林。资本主义农业利用未开垦的土地来饲养某种牲畜，这严厉打击了工具落后、生活贫困的佃农的自给农业。在组织资本主义的耕作农业方面，政府面临很多困难。至少在英格兰，资本主义的耕作农业是在后来才得到发展的。

116●竞争性地租 资本主义的牧场经营者倾向于通过要求提高租金的方式来抑制农民自给农业的发展。在这种情况下，用于放牧的土地具有很高的经济价值，并且能交纳更多的租金。土地所有者自然会对用于耕作的土地收取一笔巨大的租金，这笔租金和将土地用于牧场时土地所有者可以获得的租金一样多。资本主义养羊业开始，标志着竞争性地租的开始。实际上，在中世纪，佃农缴纳的地租是固定的，他们缴纳的地租还包括了向国家缴纳的税收。中世纪的地租与劳动服务的价值一致，当佃农可以将自己所有的时间用于自己的土地上时，庄园领主就丧失了让佃农提供义务劳动服务的权利。当庄园领主不再在私有领地上进行耕作，并且在治安法官的帮助下引入拥有租赁权的自耕农[①]时，地租的数额是以估算土地的物质产出为基础的。随着资本主义农业的发展，一个新因素进入人们的考虑范围。地租与使用土地可获得的报酬相关；地租的数额将与土地适合的某些特殊用途相关。庄园领主希望以获得最多收入的方式出租土地。就纯粹经济上的考虑来说，对那些想将土地用于获得较低报酬的事情的人，庄园领主仍会要求他们支付较高的租金，以避免自己需要承担他们因缺乏事业心或技能造成的损失。都铎王朝统治时期，人们对庄园领主的做法提出了强烈抗议，认为庄园领主在土地用途上只考虑经济利益，要求政府维护农民将土地用于不像放牧那样有利可图的事情上的土地使用权。

117●17世纪农业技术进步的建议 我们很难精确估算17世纪农业的发展程度。不过，一些证据似乎表明，农业虽然整体上没有获得发展，但在各个地方都有进步。

① 自耕农拥有属于自己的小块土地，不受庄园领主的剥削，是仅负担政府赋税和徭役的农民。——译者注

对农业问题，人们都很感兴趣。这一点从发表的许多讨论农业技术的论著中可以获得证明。实际上，16世纪，安东尼·菲茨赫伯特和托马斯·塔瑟是孤独的，他们的作品影响相对较小；而杰维斯·马卡姆、理查德·韦斯顿、加布里埃尔·普拉特、爱德华·泰勒及其他17世纪作家的作品在更大范围内影响了农业领域的发展。17世纪的作家不满足于只记录英格兰人的经验，他们还叙述了佛兰德斯和布拉班特的耕作方法和农作物的种植，并且指出了英格兰人可以模仿竞争对手的地方。17世纪的作家讨论了许多与土地管理有关的细节，提出了许多切实可行的建议。他们的建议也许有一定的效果，但必须承认，读到的关于18世纪英

理查德·韦斯顿

格兰农业的描述，使我们清晰地认识到，17世纪的作家提出的办法最初并没有得到普遍采用。17世纪的作家的作品表明，有一定数量的人在研究土地管理问题，而后来农业的进步，无疑是这些人提出的建议推动的。

另一项可以更好地表明土地能带来更多利益的标志性事件可能是当时人们努力扩大可用土地面积。从低地国家获得的经验被用来改进英格兰的耕作方法。英格兰有两个地区经常被流经当地的河流淹没。有五条河贯穿剑桥郡的沼泽地，因此，该地很容易被地表水淹没。英格兰人提出了一项重要方案，即修建一条新河道，使贯穿剑桥郡沼泽地的五条河能够汇入新修建的河道，并且使英格兰中部的河流能经运河流入大海。该方案逐渐付诸实施。新河道由一个叫科尼利厄斯·韦尔穆登的荷兰人设计。与任何试图在贯穿沼泽地的每一条河流上单独筑堤的做法相比，修建新河道的做法要更经济。唐克斯特附近的哈特菲尔德的蔡斯也采取了类似措施。在这种情况下，蔡斯沼泽地区原来的居民和那些获得土地财产收益的人的矛盾导致了他们公开的对立。低地的排水会对沼泽地的鱼、野禽和其他产品造成破坏。沼泽地区原来的居民已适应当地的生活，他们不希望沼泽地被抽干，因为他们不愿意去从事放牧或耕作。沼泽地区原来的居民用一切手段表达自己的不满。剑桥郡沼泽地区存在类似的矛盾，但该地原来居民对变化的抵制没有像蔡斯的居民那样持久、激烈。当我们经过从沼泽地中逐渐改良出来的肥沃的农耕地，看到这些农耕地现在的收成，或者想起它们曾很长一段时间都是低洼的沼泽地时，我们不希望农业进步的步伐停下来，尽管我们对沼泽地原来的居民遭受的苦难感到遗憾。

除了保护沼泽地免受内陆河水侵蚀而获得收益，英格兰人还通过改善水道成功地从被海水侵蚀的土地中改良出了一些土地。埃塞克斯的盐沼地和诺福克的低地都被海水侵蚀过。内部水道的改善，使海水不再侵蚀这些土地。这些土地成了优质牧场。这一切是英格兰人对荷兰人做法的借鉴。由于17世纪的政治斗争，英格兰的政治人物曾先后在荷兰避难。荷兰的繁荣给在荷兰避难的英格兰人留下了深刻印象。曾在荷兰避难的英格兰人主张英格兰采用其他地方改善内部水道的成功案例。对荷兰的运河系统，查理二世印象深刻，因此，他对改善英格兰内部水道的建议很感兴趣。查理二世统治时期，改善英格兰内部水道是为了方便大城市的粮食供应。然而，直到一个世纪后，改善英格兰内部水道的建议才被付诸实施。当时，伦敦和其他大城市主要想要有更多的燃料供应，而不是食物供应（18节）。

一些偶然发现的证据表明17世纪的英格兰乡村非常繁荣。乡村人口减少的时期已结束。村民围绕可耕地开展的竞争表明，农业正在繁荣发展。17世纪，地租明显上涨，不仅牧场的租金上涨了，普通农田的租金也上涨了。这表明，农业总体上获得了发展。当时，英格兰的农业有近似现代农业的条件。在土地管理方面，市场的考量及维持生活的供应已成为从事农业的人重点考虑的问题。尽管英格兰内战影响了工资水平，带来了许多忧虑，使农民面临许多风险和苛捐杂税，尽管17世纪末的气候条件非常不利于耕作，尽管耕作技术没有取得普遍进步，但人们从农业中仍可以获得适当的报酬。

118●农业革命 18世纪是英格兰农业迅速发展和取得整体进步的时期。农业的进步使乡村生活各个方面都发生了变化。就乡村经济来说，斯图亚特王朝统治下的18世纪初是一个充满希望的时期。汉诺威王朝时期，尤其是乔治三世统治时期，是英格兰农业的辉煌时期。1689年，威廉三世发布的关于谷物出口奖励金的法令使资本投资农业获得报酬的不确定性降低了。在丰衣足食的年代，农民出售农产品时仍能获得一定的利润；庄园领主和有进取心的人都认为农业是有利可图的行业。

科学农业的建设取得巨大成就。科学农业不仅仅通过观察其他地方的农业实践来实现，还通过谨慎的实验方法来实现。阿瑟·扬的旅行日记为我们描绘了一幅有趣的画面，展现了乡村生活正在发生的变化。一方面，阿瑟·扬为我们描绘了自耕农的挥霍无度和愚昧的耕作方法——他经常提到自耕农高昂的耕作成本

阿瑟·扬

和所处的糟糕状况。另一方面，我们了解到了意志坚定的改良者。改良者尝试种植新的农作物，或者尝试采用新的轮作方案，并且精确估计了种植不同农作物或采用不同轮作方案下获得的报酬。引入适宜的耕作过程是改良者想要获得的主要进步。在阿瑟·扬首次开始写作时，芜菁已种植一段时间了，尽管它是人们不经意间种下的，但人工种植的牧草和苜蓿还没有长出来。芜菁等农作物的种植可以用来代替休耕，如果管理得当，种植芜菁后的土地还可以用来种小麦。从各方面看，适宜的耕作过程大大节约了农业成本。在那些已实行轮作的地方，自耕农一旦认识到轮作的好处，就会继续进行下去。在保持开放的土地制度的地方，所有的条状土地仍然按照共同的习俗耕种。在这种情况下，进行改变存在严重障碍。因此，18世纪，为消除推行改良的轮作制度的障碍，人们将在原来开阔的土地上树立起围栏。英格兰还存在一种趋势，就是用更有恒心、更有进取心的人来取代自耕农，并且把原来两三个四十英亩的农场改造成一个更大的农场。

耕作技术取得的进步非常明显，并且这种技术进步扩展到了家畜饲养上。罗伯特·贝克韦尔先生成功找到了一种特别适合肥育的家畜类型，使英格兰的烤

罗伯特·贝克韦尔

牛肉质量达到了有史以来的最高水平。在诺福克的霍尔克姆，以及沃本的贝德福德公爵的土地上剪羊毛时是改良者见面和交流观点的好机会。耕作技术的进步离不开王室的支持。化名拉尔夫·罗宾逊的乔治三世积极参与了推动耕作技术进步的运动。

当时，耕地面积的增加也许最容易从圈地运动的进展中追踪到线索。耕作技术的进步不仅意味着可以更好利用现有土地，还意味着可以利用更多的其他土地种植农作物。开放的土地由未耕地分割开的条状土地组成。当这些条状土地被重新分配和种上农作物时，它们可以得到更好利用，并且公共荒地被开发用于耕作，虽然会给庄园放牧的人带来一些损失，但能获得良好的经济效益。令人感到遗憾的事情并不是由于圈地导致的耕作方式的变化，而是由于庄园领主有时采取的不合适的圈地方式。任何情况下，要令人满意地重新分配土地必定会存在重大困难。给村里每个居住者分配一块土地，并且土地的质量和耕作方便程度与居住者原来拥有的土地大致一样，其中，还包括补偿草地和放牧权的损失，这并不是一件容易的事。如果是由从其他地方过来的政府特派员进行重新分配土地的工作，那么重新分配土地的成本将会非常高昂。根据议会私有条例和法律重新分配土地的费用很高昂，多处土地的围栏费用也是一笔很大的开销。这给较穷的平民带来了沉重的负担。人们不满的一个更重要的理由是，重新分配土地不仅费用高昂，并且程序不公平。圈地的法令是在少数有钱有势的人的怂恿下通过的。没有人询问过那些原来拥有在公共土地上放牧的人的感受。在新措施实施以前，许多人并不知道政府已采取的行动。当时，抗议毫无用处。对土地管理感兴趣的人，他们大多数没有机会发表意见，或者确保自己的权利得到适当保障。政府的高压手段伤害了一些自耕农，这种伤害比给劳工带来的不幸要严重得多。某些情况下，自耕农有权利在公共荒地上放牧。当圈地运动开始后，自耕农曾得到的权利经常被剥夺。即使将土地分配给了自耕农，土地面积也很小，使自耕农无法使用。阿瑟·扬仔细地调查了圈地运动。出于经济上的考虑，他支持圈地，尽管他有时反对过度圈地。阿瑟·扬得出的结论是，当政府向劳动者显示出有利于劳动者利益的考虑时，劳动者将不会反对圈地；不过，在许多情况下，圈地使劳动者遭受了无法弥补的伤害。18世纪末到19世纪初，在英格兰，有许多变化趋势叠加在一起，使农业劳动者的境况迅速恶化，圈地便是其中之一。有助于提高收入的津贴制度降低了乡村劳动者的独立性；多轴纺纱车的引入减少了家庭收入；圈地运动使乡村劳动者无法得到喂养牲畜的草料。因此，乡村劳动者失去了可以增加生活资料的一切机会，他的收入完全依赖工资，但有时他的工资特别低。当食物匮乏时，乡村劳动者的工资所剩无几。1812年的卢德运动引起了人们对劳动者状况的关注。暴动是劳动者处于悲惨境况的直接结果。

对部分经济学家来说，农业劳动者对工资的绝对依赖和保持尽可能高工资的重要性给他们留下了深刻印象。因此，当时一些经济学家反对实干家提倡的很可能对英格兰有利的措施。阿瑟·扬极力主张向劳动者提供土地，尤其是在那些可以为每个村民提供饲养牛所需草料的土地的地方。分配给村民的小块土地可以用于任何种类牲畜的饲养。对单个家庭来说，这能够提供很大的帮助，并且不会减少人们为雇主工作的时间。阿瑟·扬建议，小块土地的分配应该在明确的规定下执行，该规定就是，任何申请地方救济的人，他分配到的土地将被没收。阿瑟·扬认为可以通过这种方式来制止乡村劳动者独立性的下降，但他提出的实用方案遭到了主要经济学家的反对。主要经济学家认为，分配小块土地给乡村劳动者容易导致他们的工资下降，或者使他们获得额外的舒适感，导致乡村人口增加。因此，阿瑟·扬有利于农业发展的方案被推迟了许多年才实施。

关于圈地问题，值得指出的是，小农场主或自耕农的消失是一个渐进的过程，这在后文将会提及。拿破仑战争结束时，圈地运动已发展很长一段时间，对劳动者非常不利。劳动者拥有小型农场，他如果有足够的精力和技能，就可以独自经营好自己的农场，从而获得属于自己的利益。然而，当小农场合并成大农场时，大农场只能由拥有大量资本的人来经营并获利。在不离开故土的情况下，劳动者注定要丧失从自己农场获得属于自己利益的希望。可以说，劳动者被剥夺了实现内心目标的机会。

18世纪，农业发生了翻天覆地的变化。然而，直到18世纪下半叶，英格兰才能够生产出满足国内消费需求的谷物。在谷物出口奖励金的法令的影响下，英格兰经常会有过剩的谷物可以出口到国外市场。尽管在18世纪，制造业有了很大发展，羊毛很少在未加工的情况下出口，但英格兰仍然出口了大量的原材料，包括煤和谷物。不过，1773年到1793年，出现了一个转折，英格兰不再是谷物出口国。尽管海外战争对英格兰的谷物种植产生了影响，尽管战争阻碍了英格兰乡村的发展，但英格兰的人口仍在不断增加。人口的增加带来了谷物需求的增加，谷物价格也随之上涨，有时非常高昂。谷物价格变化造成的直接结果是，为保持谷物价格稳定而设计的制度停止了运作。1773年，英格兰政府修订了《谷物法》，希望降低谷物价格。然而，修订《谷物法》的结果是，谷物的价格主要取决于英格兰消费者的实际需求。因此，18世纪最后二十五年，谷物价格的波动幅度大大增加了，而季节的非正常变化使谷物价格波动更大。从18世纪初到1776年《独立宣言》发布时，谷物价格使农民获得了一定收益，并且谷物价格相对比较稳定。不过，从《独立宣言》发布后直到拿破仑战争结束前，谷物价格波动幅度特别大。在谷物价格特别低时，耕地上产出的谷物获得的收入不能弥补农民在耕地上投入的成本。因此，在获取收益方面，我们可以把农业划分为两个不同的时期。在第一个时期下，农业是稳定的、有利可图的行业；而在另一个时期下，农业是高度不确定性的行业。传统农民的命运很不稳定，在这两个时期，他们受到了完全不同的经济影响。

119●自耕农消失 自耕农遭受的经济上的影响几乎没有得到足够的重视，因为主流的说法是，部分政治原因导致了自耕农的消失。据说，庄园领主急于获得政治权力，他们买下了自耕农拥有的小块土地，从而获得自耕农的投票权。这种说法不可信。庄园领主不能通过这种方式获得权力，因为租种别人田地的人直到

1832年才有投票权。庄园领主只是通过买断自耕农的土地所有权来消灭他们的投票权，并没有获得他们的投票权。提出庄园领主为获得自耕农投票权而买下自耕农土地的人想要达到什么目的并不是很重要。获得经济收益是庄园领主买下自耕农土地的主要目的。提出庄园领主为获得政治权力而买下自耕农土地假设的人没有详细调查过土地问题，可能说得非常武断。下面我们试探性地对此给出解释。

在经济逐渐改善的时期，可以说，自耕农通常是变革的障碍。拥有最好土地的庄园领主急于把自耕农赶走。自耕农把拥有最好土地的庄园领主的土地经营得很糟糕；他让土地长满了野草，使邻居清除野草付出的努力白费了；他还不能接受新思想，坚持采用较多的人力和沉重的犁等成本高昂的方法来耕作。因此，庄园领主急于摆脱自耕农这样的土地租赁者，或者富裕的庄园领主在可以购买自耕农土地的情况下乐于买下他的土地。后一种情况并不少见。自耕农耕种土地的方式是自然经济的体现。在市场上，自耕农无法与资本主义的农场主竞争。资本主义的农场主可以囤积粮食，在春季或夏季以高价出售，而自耕农由于缺钱，不得不在收获后把粮食立即出售变现，此时粮食的价格非常低。由于自耕农没有种植根茎植物或牧草，没有采取轮作的经营方式，并且在肥育牲畜方面处于不利地位，一旦出现紧急情况，他就只能放弃斗争，把它转让给更有进取心的人。16世纪的农业斗争是围绕畜牧业的扩张展开的，18世纪的农业斗争则是围绕耕作技术的进步展开的。16世纪，在规模和性质上，用于耕作的土地几乎没有变化。到了18世纪，兼并土地的方式发生了明显变化。在那些土地被圈占的地方，我们几乎找不到关于土地兼并的线索。然而，18世纪初，在有大片空置土地的地方，圈地运动无疑是伴随着那些能力较差、精力不充沛的拥有小块土地的自耕农的逐渐消失而发展起来的，无论他们是土地租赁者还是土地所有者。

粮食价格剧烈波动，对自耕农很不利，甚至非常不利。对许多人来说，18世纪末的恶劣气候是致命的。在剑桥郡的某个行政区，据说，所有小块土地集中掌握在一个人手中，他借钱给邻居进行耕作。持续的歉收使借钱者难以获得收获，无力赎回自己的土地。在拿破仑战争期间，那些度过了18世纪末恶劣气候的自耕农，获得了超乎寻常的收益。小麦的价格非常高，尽管土地贫瘠，贫民救济税、什一税和其他税收负担很重，但部分自耕农仍过着富裕的生活，他们得到了应得的一大笔财富。自耕农如果想从事其他的职业，他的小农场能卖出非常高的价钱。据说，许多自耕农卖掉自己的农场并改行，是为了避免战争结束时农业利益遭受损失带来的打击。然而，自耕农卖掉农场，部分原因是有些人经营不善，部分原因是有些人在经济困难时期破产了，还有部分原因是有些人利用经济繁荣时期的有利条件改行了。小农阶层消失了，取而代之的是现在我们熟悉的资本主义农场。

很多情况下，农民面临的困难因制造业撤出乡村而加剧。当纺纱和织布都集中到工厂进行时，农民家庭成员的就业机会就减少了，也许农民自己的就业机会也减少了。当织工和家人离开村庄时，当地对鸡蛋和牛奶等产品的需求就减少了。所有这些趋势都是伴随农业革命发生的，而农业革命的重要性至今尚未得到充分认识。

不管农业革命的过渡步骤是什么，可以肯定的是，随着小农场主的消失，至少就目前来说，英格兰自给农业也消失了。一般来说，在18世纪的大部分时间里，农业一直是一项投资，农民的成功取决于耕作的回报。战争时期，当谷物价格较高时，农民尽可能扩大耕地面积，开垦不适合种植谷物的土地来种植谷物，这是值得的。当谷物价格下降时，不适合种植谷物的边缘地带的土地就不再被用于耕作。根据谷物价格变化导致农民开垦土地的变化，大卫•李嘉图对谷物租金的变化做出了著名解释。处于边缘地带的土地获得的回报仅够支付耕种费用，但付不起租赁土地需要的谷物租金；所有适合种植谷物的土地带来的回报既能支付耕种的费用，又能支付谷物租金。适合种植谷物的土地上获得的交给庄园领主的那部分财富相当于这块土地相对不适合耕种的边缘地带的土地享有的优势。当时，大卫•李嘉图对谷物租金的差异和变化的解释很具启发意义，因为他的解释总结并论证了农业的发展情况。虽然我们现在对大卫·李嘉图解释的情况很熟悉，但在当时他的解释多少有些新奇。农产品的市场价格决定了农耕规模的扩张和收缩，但谷物租金的涨跌并没有引起农产品价格的变化；反过来，农产品价格也没有直接影响到谷物地租。谷物地租受农产品价格的影响，主要是通过农产品的市场价格变化对耕地面积增减的影响来实现的。

120●改良土地与农业生产效率提高 显然，如果拿破仑战争结束恢复和平，那么英格兰的港口将向外国的谷物开放，谷物价格就会突然下降，结果是英格兰的耕种面积大大缩小，地租也会下降。农业上的利益似乎都面临毁灭的威胁，1815年的《谷物法》就是为了避免出现迫在眉睫的、农业利益被毁灭的灾难而制订的，它将谷物价格保持在每夸特八十先令的水平。威廉三世制订的法律则完全不同，他制订的法律的目的是维持稳定的谷物价格，而《谷物法》的目的是使谷物保持较高的价格。保证国家能够自给自足的基本政治原则我们前文已讨论过（54节），但制订《谷物法》的经济动机是保护农业利益不受损害。人们之所以谴责《谷物法》是因为它没有实现自己的目的。农业尽管受到了特殊保护，但发展状况仍然越来越糟糕。很多委员会调查了英格兰的农业状况，从1815年到1825年，英格兰就不断有农民陷入悲惨困境的报告出现。《谷物法》给制造业带来了巨大损失，但它并没有起到避免乡村陷入严重不幸的作用。

1846年以后，当感受到外部竞争的全部压力时，英格兰农业还能保持自己的地位，或者能维持发展，是因为英格兰农业生产效率的提高。英格兰的所有努力，特别是通过投入资本来永久性改良土地，都是为了确保更高的农业生产效率，使农业产生更大的经济效益。查尔斯·史密斯先生的经历证明了彻底排干水的好处。采取恰当方法排干土地上的水可以使土地更适合耕作。当土地改良完成后，土地就可以定期产出高质量的农产品。通过排水，大面积的沼泽和湿地被开垦出来并用于耕作，而非沼泽地的农业生产效率则提高了许多。由于采用了新的耕作方法和先进的耕作技术，英格兰农业生产水平已提高到远远超过18世纪改良者期望的程度。然而，英格兰农业生产水平的提高主要是通过投入资本来永久性改良土地实现的。庄园领主和租种庄园领主土地的人联合起来，利用他们掌握的技术改良土地，促进了英格兰农业生产水平的提高，并且使英格兰的农业生产水平于1874年达到了卓越的程度。

121●过去与未来　农业工作者进行了积极的努力。然而，在过去二十年里，与交通设施大大增加的欧洲大陆其他肥沃地区相比，农业工作者的努力显得毫无成效。无论英格兰农业未来命运如何，农业工作者都可以继续努力工作，但我们不能指望通过重新采用已经被证明是低效率的方法或制度来提升农业效率。近年来，大面积耕作制度和三田制积累的技能和方法失败了，在与资本主义农业的竞争中，它们无法取得成功。

改变农业每况愈下的希望在于节省部分管理费用。有人认为，小块土地可以用较少的费用和最好的方法来组织耕种，这样可以节省开支。不过，将土地分割成小块并分配给不同的人耕种，并不一定要恢复成过去自给农业的状态。早期，拥有小块土地的人管理不善，无法与拥有许多土地的人竞争。如果拥有小块土地的人在竞争中获得了成功，是因为他们比拥有许多土地的人管理得更好，还有一个原因是由富裕的农民引进的所有新的耕种方法，都可以被资本较少的小块土地拥有者采用。庄园领主可以投入大量资本，而农民可以提供比在监督下工作时更高效的劳动。因此，在将土地重新划分为小块土地进行耕作后，监督成本可能会节省一些。相信拥有小块土地的农民能在竞争中获得成功的人，坚信这些农民可以充分利用改进后的现代耕作技术。我们不能回到过去自给农业的小土地所有者模式，或者回到一个人一半时间当纺织工、一半时间做放牧人的模式。

然而，人们可能会怀疑，自给农业是否能视为我们现代制度的附属品。有些农产品也许根本不值得拿到市场上去出售，但可以作为很好的食物。可以想象，在菜园中或一小块土地上，劳动者可以种植供自己使用的农产品。这些农产品很难找到市场，但劳动者如果不去种植，就不能使用这些农产品。家禽和猪可能是带有菜地的农舍的附属品。尽管家禽和猪作为投资产品投入市场可能难以获得报酬，但作为维持家庭生计的辅助手段，它们可能很值得拥有。在市场上，农民很少能与资本家或外国生产者竞争。不过，如果农民有手段和能力获得一些重要的生存要素，即使他不从事手工业，领取不到工资，也可以过上十分舒适的生活。如果农民的菜地所需的必要工作与他的农场工作不冲突，那么面临经济压力时，他可以交替进行两种劳动。在两种劳动得到合理安排后，即使农场的劳动报酬减少了，他也可能过上更舒适的生活。

农民是否有可能会关注那些目前没有种植的产品，以及哪些产品会比那些已种植的产品收益更高，这是个很难预测的问题。温带海洋性气候使英格兰的土地能种植多种农作物，但某一些农作物可能在其他大陆更容易种植，并且这些大陆的农产品可以很容易通过海路到达英格兰。海上霸权的建立使英格兰与气候不同于英格兰的遥远土地建立了联系，而英格兰商业的成功则逐年缩小了可从土地上获取收益的、有利可图的职业范围。

第9章

劳动和资本

122●工业领域与农业领域的劳动分工 在《国富论》开篇，亚当·斯密就比较了野蛮人和文明人的物质财富。亚当·斯密把两者获得生活必需品和便利工具能力上的区别主要归结于一个原因——劳动分工。在许多方面，劳动分工都可以节省时间和降低技能要求。通过劳动分工，劳动者可以用更少的劳动来完成更多的工作。通过大头针制作的经典例子，人们了解了劳动分工可以提高效率。不过，劳动分工对社会的总体影响还是值得仔细考虑，因为劳动分工还属于比较现代的概念。人们早已忘记职业的组合关系，但在18世纪以前，系统的劳动分工并未普及。

首先，人们可能会注意到，劳动分工的原则不能适用所有领域。例如，农业就不适合采用劳动分工。农业生产过程依赖季节的变化，无论我们做什么都不能加快农业生产过程。工业分工使人们能在更短的时间内做更多的事，但农业依赖自然条件，任何努力都不会使收获提前到来。因此，农业劳动者不得不在一年中的每个季节从事不同的劳动。古老的关于农业每个月应做什么工作的图解——就像维罗纳的圣芝诺教堂门口的青铜器上的图解一样，表明自古以来农业就需要依据一年中不同季节来进行不同劳动。自原始时代以来，农业有了很大发展，但远不如英格兰工业发展那么引人注目。越不可能进行劳动分工的领域，变化越不彻底。由此可以得出结论，在现今社会，农业劳动者从事的职业种类比任何工匠从事的职业种类都要多。如果农业劳动者的生活单调乏味，就不能将其归因于机械作业下劳动分工引发的枯燥感。

职业分工，加上训练儿子继承父亲从事的职业的实际便利性，成为阶层制度的经济基础；对世袭职业的追求产生了技能的传承和积累，因此，新生的每一代人都传承了完成某项工作所需的特殊技能。英格兰从来没有像东方一样有着严格、固定不变的分工。不过，即使在英格兰，劳动分工的社会影响也非常明显。某些工作，一个人必须接受长期、细致的训练才能担任，如外科医生；而泥瓦匠的技能很容易就可以掌握。每个人都坚守自己的职业位置，这有利于社会发展。外科医生如果去做泥瓦匠的工作，则会浪费掌握的技能，而泥瓦匠不可能完成一台精细的手术。成年人经常从一种职业转到另一种职业，这不利于社会发展。如果存在职业分工，有些人就会比其他人拥有更高报酬的工作。除了重要的社会价值和报酬问题，对每个人来说，从事能提供较广泛的发展空间的工作是最好的选择。医生或律师很可能一辈子都要不断学习业务知识，而工匠在二十五岁到三十五岁处于职业最佳状态。那些能力不断提高的人和那些在工作中不需要学习太多知识的人的整体地位有很大不同，这标志着社会层级的真正差别。

在生活的各个阶层中，人们普遍接受的原则是，最熟练、最尽责的工作应该得到最高报酬。这一原则很容易理解，似乎没有必要进行详述。不过，也有少量迹象表明，人们是从个人角度而不是从社会角度来看待报酬的。有人认为，专业人士从事的是比较舒适的工作，因此，与那些做自己不喜欢的工作的人相比，专业人士应该得到更少的报酬。这是在所有社会阶层中进行收入调整的公平原则。在同一社会阶层中，薪酬的微小差异确实会影响人们选择从事的工作。不过，就社会来说，做最值得做的事情的人应该得到最多的报酬才是正确的。由此看来，获得最多报酬的人如果愿意，他可以有更好的机会让自己的孩子选择过上和他类似的生活，因为他不需要孩子过早工作，可以让孩子接受更长时间的技能培训。无论我们多么努力消除可能阻碍一个具有特殊才能的男孩取得成功的所有障碍，都不太可能创造一个人人拥有平等机会的时代。英格兰并没有设计出令人满意的让人在幼年时就可以选择未来要从事的职业的制度。孩子未来从事的职业与家庭出身有关。在人生起步阶段，成功人士的儿子就会有比其他人更好的机会，因为这个孩子有时间接受可靠的、可以获得高薪工作的培训。

中世纪农奴制显露出来的缺陷已被消除，人们从一个社会阶层进入另一个社会阶层的障碍比以前要小得多。过去，即使是在最民主的地方——教会，教区管理人员的偶尔照顾也会直接影响到个人阶层的晋升。在我们这个时代，我们有意识地努力创造一种制度，为最有活力的人提供机会，使他们可以依靠自己的长处而不是受到特别照顾来从原来的阶层中脱颖而出，上升到更高的社会阶层。自中世纪以来，劳动分工和职业分工的原则已逐渐形成。分工倾向于引入真正的思想和习惯的差异来维持和强化社会阶层差距。阶层差距真实存在，这从各个阶层的人的穿着就能明显体现出来。某些方面，阶层差距比过去更明显。过去的七年学徒制是一种类似于劳动分工的进入各种不同职业的模式。

123●资本在贸易中发挥作用 强调就业和劳动分工在经济上的重要性的同时，亚当•斯密提及了劳动分工的必要条件。“随着库存的积累，”亚当•斯密说，“在本质上必须是物品积累先于劳动分工。因此，只有以前积累的库存物品越来越多，劳动才可以根据积累的库存物品数量进行越来越细的分工。”（《国富论》第二卷导言）因此，亚当•斯密充分认识到，劳动分工不能自发进行。只有在某些条件下，劳动分工才有可能发生；只有在对社会发展有利的条件下，劳动分工才能得到进一步推动。劳动能在多大程度上进行合适的分配，取决于市场规模，换句话说，取决于组织的业务规模。没有资本，人们就无法大规模组织业务。资本是现代精细劳动分工的必要条件。只有通过资本投入，劳动才能最大限度地提升技巧和效率。不仅如此，在工业技术的发展过程中，资本越来越多参与生产事务，越来越多干涉劳动者的独立劳动。某种程度上，资本帮助了劳动，也在一定程度上取代了劳动。事实上，资本和劳动必须结合在一起。为了使劳动更容易，需要减少劳动者在某项工作中的劳动范围。

如果回到诺曼征服时期，我们就会发现，诺曼征服时期与我们现在的时代形成了鲜明对比。诺曼征服时期，工业几乎完全独立于资本。劳动者和现在的情况一样，拥有一些工具，但这些工具是他们唯一的职业生存工具。有钱人不会把自己的钱投入工业劳动上以获取收益。即使在经济自由取得一些进展后，对劳动者来说，现代意义上的产业资本仍是陌生的事物。我们可以想象，在货币经济到来时，中世纪的工匠不得不花很多时间寻找愿意购买自己的货物的人。赫里沃德以制陶工匠的身份探察了威廉一世的营地。某种程度上，许多工匠是小贩，他们到集市上出售自己的货物。在其他情况下，工匠不得不到处寻找定做货物的人，就像19世纪初到处行走的裁缝一样。在裁缝工作期间，顾客为他提供原材料和食物。在这种情况下，没有资本主义性质的裁缝。从现代层面来讲，没有中间人，也没有雇主，因为工匠直接与顾客沟通。然而，无论诺曼征服时期的制度有什么优点，它肯定也存在缺点——想要出售自己货物的工匠花费了大量时间来寻找顾客。工匠不能把全部精力用在工作上，这必然会给他带来很大焦虑，并且造成时间浪费。劳动及劳动产品难以寻找到合适的市场，这对社会来说是巨大的损失。不管现在的制度有什么缺点，至少它有一个优点，那就是工匠可以把时间花在他真正擅长的工作上，而不是不断地、习惯性地把精力浪费到寻找购买者上。通过联系消费者与生产者的中间人的介入，工匠能把精力集中到自己真正擅长的事情上。

威廉·阿什利教授清晰地描绘了资本家对英格兰的主要工业——布料制造业的干预日益加强。他指出，14世纪中叶以前，生产成品布料必需的不同劳动很可能是由单个劳动者带着学徒和熟练工独立完成的。织工购买了羊毛或纱线，制作了粗布料。然后，织工把制作的粗布料卖给漂布工，由漂布工把粗布料加工成细密的布料。之后，漂布工把细密的布料卖给羊毛梳理工。羊毛梳理工用大剪刀把细密的布料上的绒毛弄平，为买主准备好布料。布料制作涉及的业务间的关系不是很清楚，这种关系很可能在不同时间发生了变化，甚至在同一地方也随着时间不同发生变化。有时，织工会雇用修剪羊毛的人和漂布工来做制作布料需要做的工作，然后直接出售布料。不过，14世纪中叶，我们发现了一个叫“布料商”的阶层。布料商是商人，他们从织工或漂布工那里购买布料，然后出售给远方市场的顾客。当英格兰人开始大量出口布匹时，布料商的介入是很自然的事。织工和漂布工无法直接进入外国市场，甚至无法进入遥远的英格兰城镇的市场，而布料商可以把织工和漂布工的货物运到外国市场和遥远的英格兰城镇的市场。

在约克郡，家庭生产制或类似制度一直存在到19世纪。在城镇周围的乡村，织工为自己的利益工作。织工把布拿到哈利法克斯的集市或利兹的大桥上卖给商人。不过，早在都铎王朝时期，英格兰东部各郡和其他地区的贸易就以不同的方式组织起来。一般来说，布料商是雇主，他把布料制作涉及的所有业务安排在

19 世纪的哈利法克斯

同一个地方进行。布料商把羊毛交给织工，又雇用了起毛工、纺纱工、染色工、漂布工和其他工人。主要的布料商像现代雇主一样，组织了布料的完整生产过程。其中，一些呢绒商，如马姆斯伯里的威廉·斯顿普和纽伯里的约翰·温奇科姆，他们拥有与工厂十分相似的设施。16世纪初，布料商的地位变得越来越突出。虽然在西班牙国王腓力二世和玛丽一世[1]统治时期，英格兰政府试图把布料商安

玛丽一世

① 腓力二世是玛丽一世的丈夫。——译者注

置在乡村，并且免除了布料商的许多税收，但在詹姆斯一世统治时期，这些措施被废除了。从詹姆斯一世采取废除布料商的许多税收优惠的措施开始，英格兰大部分地区的布料行业似乎都是按资本家的生产方式组织起来的。布料商提供原料，安排各种工序，并且出售成品。织工既不用准备材料，也不用为织好的布料寻找顾客。织工虽然可能是在家中工作，但就经济关系来说，他是为雇主工作。

从约克王朝和都铎王朝时期开始，就有证据表明，织工和主要布料商存在矛盾。一方面，布料商经常怀疑那些因挪用材料而遭到谴责的织工是否诚实，另一方面，织工反对布料商支付报酬的方式，因为布料商用货物来支付报酬，而不是货币。在约克郡，家庭生产制直到19世纪仍存在。我们可以看到，家庭生产制存在严重缺陷，约克郡人一定花了大量时间——每个星期一天以上的时间来获取原材料，并且需要经常光顾布料集市，而其他地方的织工可以节约获取原材料的时间，并且从主要布料商那里获得工作。

124●资本通过提供工具介入工业　我们发现，资本介入工业的另一种形式是提供完成工作所需的工具。都铎王朝时期，主要布料商就承担了提供完成工作所需工具的职责。主要布料商拥有自己的织布机，他们的雇员利用织布机进行工作，他们还拥有缩绒机、拉绒机。爱德华六世统治时期，拉绒机的使用遭到了人们的谴责，它被认为对社会有害，因为拉绒机的工作完成得很糟糕。不过，在从一开始就采用机器作业的另一行业——编织和花边行业，其工业发展过程十分顺畅。伊丽莎白一世统治时期，编织和花边工作是依靠威廉·李先生发明的机器来完成的。像许多发明家一样，威廉·李的聪明才智并没有给自己带来多少好处，但在他去世后的半个世纪里，编织和花边行业在伦敦和诺丁汉蓬勃发展起来。为了熟练工的利益，机器编织公司试图规范行业发展，但并没有取得很好的效果。18世纪初，编织行业的许多弊端开始显露出来，工人的处境非常困难。主要的抱怨是学徒人数太多，导致许多熟练工被剥夺了就业机会。熟练工非常不满，他们认为，即使分配给他们的工作很少，他们也应定期获得操作机器的费用。机器是代替手工制作的工具。1840年以前，很少有人试图在某个行业中引入新力量，或者变更行业组织。然而，现在在英格兰，任何时候都能听到类似于编织行业的关于机器作业减少了熟练工就业机会的投诉。1816年，卢德分子[①]暴动时，人们的不满情绪以暴力的形式发泄出来。当时，许多机器被破坏。这次暴动组织得很巧妙，似乎是针对那些特别不得人心的机器所有者而精心策划的。

125●劳动对资本的依赖　在机器编织的特殊例子中，资本家租借给劳动者的工具根本没有取代劳动。机器编织是一项发明，它催生了新的产业。可以说，机器编

卢德分子捣毁机器

① 卢德分子，指19世纪初英格兰从事手工业的人中参加捣毁机器的人，也称勒德分子。——译者注

织是完全按照资本家的生产方式组织起来的早期工业实例。资本家不仅找到了货物市场，还提供了制作货物的材料，甚至提供了制作货物必要的工具。资本介入了劳动者生活的各个方面，使劳动者能够全身心投入合适的职业。在主要布料商的管理下，劳动分工进行得非常彻底。劳动分工有利于布料行业组织的稳定发展，可以证明劳动分工具有明显优势。与单个劳动者的劳动相比，劳动分工能为公众提供更好的服务。每个人为了自己的利益，在不同的劳动分工中做好自己的工作。不过，资本干预产生巨大好处的同时带来了严重风险。资本为劳动者的工作提供了新设施，但使劳动者在获得材料、就业机会和劳动工具等方面依赖资本家。工业革命时期，一方面，资本家显示了利用新力量和新方法的能力；另一方面，资本家清晰地揭示了资本主义生产制度下可能出现危险的事实，需要对此小心防范。

前文描述的与农业有关的变化和资本主义工业组织发生的变化有某种相似性。中世纪的耕作是自给农业，而现代农业工作者是希望从市场获得回报的商人。工业与农业类似，可以说，单个劳动者为了生存也直接从事工业劳动。劳动者的工作与某些顾客的需求有直接关系，其获得的报酬是根据劳动期间所需食物计算出来的。生存成本被认为是首要费用，物价随着生存成本的变化而变化。然而，布料商、主要的服装商和其他雇主被迫直接关注市场需求。货币经济时代来临了（109节）。商品价格由供求关系自行确定。市场可能库存过剩，或者由于一些不可预测的因素，可能很少有买家。在这两种情况下，服装商都要尽可能地多赚钱；劳动者的工资主要取决于商品价格，同时因个人情况的不同而有差异。

商品价格和劳动者的工资必须紧密联系在一起。毫无疑问，在中世纪，许多人找不到顾客，他们在不得已的情况下被迫低价出售商品。然而，出口的原则非常明确。除非商品价格确实有利可图，否则，英格兰人将尽一切努力阻止英格兰货物出口。资本家总是尽可能根据劳动者对工资的需求，为商品确定一个最优销售价格，尽管这种政策在实践中并不是总能成功实施的。随着资本的介入，原来的商品价格与劳动者的工资需求的关系必然会发生逆转。现在，资本家致力于通过廉价生产来推动市场需求，并且确保商品的销售。商品价格有不断下降的趋势，劳动者的报酬必然会随着资本家的经营状况而发生变化。过去，劳动者的工资实际上是固定的，他们首先要满足自己及家庭的需求，这必然会使物价趋于稳定；但现在，物价波动很大，劳动者的生活状况直接受到物价波动的影响。我们虽然可能充分认识到了引入货币经济给劳动者带来的很多好处，但应注意到引入货币经济给劳动者带来的坏处。相对中世纪的农奴，经济上自由的现代劳动者（66节）拥有许多优势。现代劳动者可以到有希望改善自己收入的地方去，并且根据自己的条件与资本家议价，以获得确定的报酬（109节）。劳动者与资本家的关系非常明确，就像贸易中买卖双方的关系一样。不过，劳动者的就业机会和日常生计取决于遥远地区不断变化的贸易状况。劳动者获得了独立，以及精确的雇用条款，但失去了以前相对稳定的状况（130节）。

两种关于如何最明智地开展贸易的观点，分别对应实现贸易的两种不同设想。我们可能会有一段缓慢、稳定的发展时期。这一时期劳动者可以拥有稳定的工作，并且获得稳定的报酬；资本的回报率虽然不高，但很有规律。这对劳动者和资本家都有利。然而，如果由于某种原因，我们经历一段物价剧烈波动时期，那么劳动者的收益会很少，许多资本家可能会遭受严重损失。不过，具有远见的人，能够利用物价变化，他可能会获得巨大收益。我们说的良好贸易时期，是指贸易处于缓慢、稳定的发展时期，或者有进取心的投机商能迅速发家致富的时期。无论怎么说，有进取心的投机商能迅速发家致富的时期就是明显的贸易繁荣时期。突然积累的巨额财富让公众感到吃惊，但这并不一定是贸易状况健康发展的表现。东印度公司在印度的雇员创造的财富完全误导了股东和英格兰公众，也使他们误解了该公司的真正性质。拿破仑战争期间，在世界各地，英格兰商品以垄断价格出售。此时的商品贸易具有意想不到的便利条件，为英格兰创造财富提供了前所未有的机会。回顾拿破仑战争时期的历史，我们会发现，拿破仑战争时期确实是不利于贸易发展的通货膨胀时期。通货膨胀快速对贸易产生了不利影响，这对所有从事贸易的人都非常不利。

126●劳动者和资本家存在利益冲突 人们总是不厌其烦地重复这一话题：资本家和劳动者的利益是一致的。显然，资本家和劳动者都从贸易繁荣中获益了，并且当贸易衰退时，两者都遭受了损失。如果资本家破产，劳动者就会失业；如果劳动者营养不良，不能胜任工作，资本家就不能兴旺发达。从长远来看，或者在一段时期内，劳动者和资本家的利益是一致的；但在某一个时间，劳动者和资本家的利益并不相同，并且在特定时刻，这种利益的差异可能会突显出来。一方的眼前利益不是另一方的眼前利益。当两者中的一方被要求为了双方的未来利益而牺牲眼前利益时，两者之间就存在发生冲突的危险。当时间因素被恰当地引入时，断言资本家和劳动者的利益一致只是一个悖论：资本家和劳动者的利益常常不一致，并且经常相互对立。

劳动者的眼前利益诱使劳动者根据得到的报酬尽可能少做事。劳动者如果能获得丰厚的报酬，就会去享受生活，减少自己的工作时间。劳动者这样做可能会显得他很无私，值得赞扬。因为如果就业人数是恒定的，并且每个人做的事很少，那么资本家就需要更多的人提供劳动服务，工作和工资将分配给更多的人。然而，不规律和低效的工作的成本非常高昂，肯定会增加生产费用。这很可能导致贸易收缩，劳动者可得到的就业机会减少。劳动者的眼前利益诱使他们要求提高工资，期望在不减少商品需求或就业机会的情况下提高商品价格。当生产者对一般需求品的生产拥有暂时性或永久性的垄断权时，在不减少商业需求或就业机会的情况下提高商品价格可能可以做到。不过，一般来说，在不减少商品需求或就业机会的情况下提高商品价格是不可能做到的。劳动者要求更高的工资会导致商品需求减少和就业机会减少，或者工资降低。显然，劳动者会为了眼前利益而损害贸易，使劳动者的工资和就业机会不可避免受到严重影响。

同样，资本家会为了眼前利益损害贸易。资本家追求的眼前利益是尽可能降低生产成本，以便获得尽可能多的市场份额。为此，资本家有可能通过生产劣质商品来降低成本，或者通过让劳动者拼命工作，牺牲劳动者的利益来降低生产成本。资本家这两种做法都能迅速获利，但最终都会带来灾难性结果。当资本家的商品质量低劣时，他的贸易声誉会受损；劳动者拼命工作迟早会影响他的工作效率。无论是劳动者还是资本家，都会因追求眼前利益而对贸易带来实际损害。

由于资本家和劳动者的眼前利益不同，并且常常对立。因此，毫不奇怪，有着不同眼前利益的阶层会根据自己的眼前利益对贸易发展应采取的最佳路线做出不同设想。如上所述，到18世纪下半叶，劳动在很大程度上依赖于资本。一般说来，资本家能够把自己认为对贸易发展最有利的观点付诸实施，并且认为这不是出于自私，而是为了劳动者的最终福利。如果贸易不景气，那么资本家倾向于降低工资水平，通过提供更便宜的商品来增加销售额。资本家可以采取的另一办法就是减少商品生产量，寄希望于商品价格会再次上涨。减少商品生产量意味着机器将闲置，工人将失业。在这种情况下，参与贸易的各方都遭受了明显损失。对劳动者来说，与完全失业带来的困难相比，在饥饿状态下工作的困难看起来可能要小。不过，经济萧条带来的不幸后果似乎是遥远而不确定的，而减产的不幸后果是明显的、近在眼前的。因此，在拿破仑战争的动荡时期和随后的大萧条时期，工人被迫接受大幅度降薪。只要有可能就业，尽管处于饥饿的状态，劳动者仍会接受工作。雇主认为，最好的做法是为尽可能多的人分配工作，这样每个家庭都能挣到一些钱，尽管挣到的钱很少。因此，雇主错误的慈善行为导致他们采取的措施与目光短浅的人提出的方案类似。工人有时希望在不降低每位劳动者工资的情况下把一定数量的工作分配给尽可能多的人，这样所有人的总收入就有可能增加；而雇主试图降低单个劳动者的工资，从而把少量工作分配给大量的人，这样没有人会陷入绝对贫困的境地。

大萧条时期，许多人陷入贫困状态，并且这种状态持续了许多年。我们很容易得出这样的结论：许多人陷入贫困是由于商品生产过程中引入了机器。然而，我们越是仔细研究事实，就越会发现这一解释难以令人满意。著名的布拉德福德的羊毛梳理工罢工（1825年）就是发生在受雇用的劳动者处于饥饿状态下的行业，但直到罢工发生后，人工劳动与机器作业的冲突才真正显现出来。1845年，机织工的工资没有遭受任何新的削减，只是受到不顾后果的贸易竞争的影响；1806年，棉纺织工处于饥饿状况也是由于不顾后果的贸易竞争的影响。劳动者遭受苦难是因为资本家不时削减工资，随后工资即使有所恢复，增加的数量也微乎其微。

在贸易衰退时，削减工资的做法得到了当时主要经济学家的赞同。当时，主要经济学家都是极端自由主义政策的倡导者，他们认为，资本的干预对公众是非常有益的。当时，主要经济学家坚信资本家具有判断贸易前景的能力，并且认为政府最好给予资本家完全的贸易自由。

在当时主要经济学家倡导自由主义政策的时期，工人阶级所处的地位使他们很难表明自己作为一个阶级的观点，也很难拒绝资本家向他们提出的任何要求。1799年和1800年制订的《结社法案》是在政治恐慌的影响下通过的。资本家指责劳动者为提高工资、缩短劳动时间等而联合在一起的行为是犯罪行为。因为劳动者的结社行为可能会加强劳动者在与资本家谈判时所处的地位。劳动者被迫屈服。劳动者面临的障碍及偏向资本家的法律很可能给劳动者带来严重的不公正感，使他们非常痛苦。《结社法案》规定的措施可能对制止劳动者真正的不忠行为毫无效果，但引起了不同阶级间的嫉妒和相互猜忌，带来了严重危害。

在雇主的控制下，经过脱离实际的经济学家的认可，在没有受到劳动者有效批评制约的情况下，《结社法案》公布了，它激起了公众的愤慨。显然，脱离实际的经济学家推崇的自由主义原则导致了英格兰人道德的堕落和体质的下降；议会有必要进行干预，以有效遏制自由主义带来的一些不利影响。

127●道德的败坏与客观存在的堕落 纺织行业中，机器大发展为儿童的大规模就业提供了机会，每个工厂都招收了许多儿童进行工作。儿童的工作条件不断引起公众的关注。在许多方面，儿童的工作条件都很糟糕。同时，人们可能并不认为，在工厂工作的儿童的状况比那些被家庭织工雇用或在其他行业当帮工的儿童的状况更糟。1816年，人们将两者的状况进行了比较，得出的结论是在工厂工作的儿童面临的卫生条件更好，吃得更好，获得的收入更高，但承担的劳动强度更大，日常压力更大。儿童承受的最痛苦的事不是在某个工厂工作，而是去打扫烟囱。打扫烟囱的工作会对人的生命安全构成威胁，使人容易患上非常痛苦的疾病。在强迫儿童承担清扫烟囱的工作时，资本家一定采取了许多残酷的行为。尽管如此，在不强调将工厂儿童的工作条件与作为帮工的儿童的工作条件进行比较的情况下，显然，19世纪初工厂儿童面临的工作条件非常糟糕。政府进行干预是明智的。为了人民的未来福祉，政府应遏制自由竞争影响下工厂大量雇用儿童的趋势。即使是最不愿意妥协的自由主义倡导者也承认，政府采取行动保护儿童是合理的。儿童没有谈判能力，也不能自己进行谈判。在签订某个协议时，儿童甚至没有自主权，他们是被父母或地方行政区的管理人员送到工厂的。因此，那些认为成年人应自己去谈判的人，准备立法保护儿童。

第一个代表工厂儿童利益的重要措施是一个工厂所有者制订的，它不是外界鼓动的结果。政治家罗伯特·皮尔的父亲老罗伯特·皮尔爵士认为，在他的棉纺厂担任学徒的儿童的状况不是他希望看到的，他发现自己无法有效地监督棉纺厂内儿童的状况。因此，1802年，在没有遇到任何困难的情况下，老罗伯特·皮尔爵士提出了关于棉纺织行业中学徒地位的措施。在该措施中，学徒的衣着、伙食及宿舍条件都有明确规定。该措施限制了学徒的工作时间，认为应给予学徒足够的接受教导的机会。这一措施与当时的社会环境有关。当时，在学徒期，学徒不仅要学习一门手艺，还需要在师傅的监督下形成良好的生活习惯。制订这项措施的目的是确保隶属于棉纺厂的儿童不被剥夺接受师傅指导的权利。一段时间

老罗伯特·皮尔爵士

内，这项措施产生了许多有益结果，但后来贸易状况发生了极大变化，使它在许多年前就失效了。1814年，合法的学徒制被废除。由于受雇于工厂的儿童不再是学徒，为保护学徒设计的措施对他们不再适用。1816年，老罗伯特·皮尔爵士再次介入保护工厂儿童的事情，他成功获得了大量关于工厂儿童状况的引人关注的证据，但直到1833年，英格兰才出台保护工厂儿童的重要立法。

1832年，安东尼·阿什利-库珀勋爵和其他人调查了工厂儿童的状况。英格兰政府成立了一个调查儿童工作条件的特别委员会。该委员会收集了关于工厂儿童身体状况的资料，它揭露出来的事实令人震惊，激起了慈善家和公众的愤怒。工厂主同样很愤怒，因为他们没有被给予辩解的机会，他们认为提交给特别委员会的案例不仅是片面的，还严重夸大了事实。因此，英格兰政府任命了一个委员会在工厂现场取证。尽管现场取证表明，之前特别委员会的陈述并不可信，但确

安东尼·阿什利－库珀勋爵

定了政府必须重视对工厂的干预。长期工作给儿童和妇女造成的身体伤害非常明显。如果不给儿童和妇女提供保护，那么英格兰政府完全有理由担心，英格兰大部分人的体质会严重恶化。不同行业的特殊不幸各不相同。在毛织品行业中，羊毛的分选和加工特别肮脏和令人厌恶。在亚麻行业中，劳动者受到的是另一种形式的伤害。亚麻被纺制成布之前，在工厂加工过程中均处于潮湿状态。那些在亚麻厂工作的人的衣服经常是湿的。劳动者尽管得到了适当保护，但仍必须在散发着恶臭的空气中和邋遢的地板上工作。棉纺厂的部分工作间里有大量灰尘，不过，这些工作间也许不像那些用于亚麻制品行业的工作间那样令人讨厌。尽管有些工厂管理得很好，但在某些方面，所有工厂都存在改进空间。在被雇用时，儿童的年纪太小了；而妇女长时间站着或弯着腰工作对她们的身体伤害很大。

就早期的工作条件来说，工厂主并不应该受到特别责备，毕竟在儿童非常小的时候就雇用他们到工厂工作对工厂主并没有什么好处。儿童的压力来自父母和法律的保护措施不到位。儿童的父母希望儿童可以挣钱，并且让儿童在很小的时候就离开了他们。至于工作时间长短，工厂主抗议说，他们并非是完全拥有自主决定权的人。与外国的竞争非常激烈，纺纱几乎无利可图。如果工厂主缩短劳动时间，减少产量，那么工厂可能无法继续维持下去。慈善家认为，英格兰纱厂厂主如果愿意，可以提高商品价格，但这实际上很难实现。另外，机器的使用使生产效率提高得非常快，这使制造商关于缩短劳动时间会导致产量减少、工厂无法继续维持下去的最坏预测没有变成现实。特别委员会的委员希望工厂可以组织两班倒。这样一来，机器可以长时间运转，妇女和儿童也不会过度劳累。在一些工厂，两班倒制度得到采用；不过，该制度要在所有工厂内实施存在严重困难。儿童工作条件的调查结果就是英格兰于1833年出台了《工厂法案》，该法案只允许工厂雇用九岁以上的儿童，并且将儿童每个星期的工作时间减少到四十八小时。到目前为止，该法案完成的最重要的工作之一就是创造了新的管理手段。工厂如果想强制执行以前的措施，就会存在困难。因为英格兰政府成立了一个有权监督《工厂法案》实施的检查机构，朝制止滥用童工并确保工厂儿童的工作条件得到逐步改善迈出了重要一步。

检查机构的检查员至少在机器的适当维护方面为资本家提供了帮助。在工厂里，劳动者由于意外事故受伤变成残疾人是特别容易引起公愤的事情。在这方面，布拉德福德的工厂有不好的名声。尽管特别委员会在因意外事故受伤而变成残疾人的劳动者数量的表述上有些夸张，但这其实有许多的事实依据。

人们对工厂儿童所处状况的强烈抗议引起了英格兰政府对其他行业儿童状况的调查。的确，现在是时候调查工厂以外其他行业的儿童状况了。整体上，矿区儿童的工作条件比工厂儿童的工作条件要差得多。对工厂雇用劳动者的新限制导致了矿区的不幸有所增加；对那些无法将孩子送进工厂的父母来说，如果有机会，他们很乐意把孩子送到矿区去工作。长时间在黑暗中工作，以及推矿车的繁重工作对儿童造成的伤害非常大；而妇女从事的工作也很繁重。对矿区的监督和视察是对工厂监管的必然发展趋势，政府完全可以用以对工厂监管的同样的理由来证明监管矿区是合理的。在儿童处于恶劣的工作条件的情况下，国家有必要进行干预，制止在自由竞争制度下产生的资本家道德的堕落、儿童体质的下降等社会不幸事件。

128●工业革命的进程 到目前为止，我们讨论了资本主义制度，以及在竞争不受监管的情况下与资本主义制度有关的不幸。现在，让我们愉快转向在资本的帮助下出现的一系列奇妙发明。这些发明大大提高了人类满足自身需求的能力。也许，最快捷地说明这些发明如何提升人类满足自身需求能力的办法就是描绘这些发明如何导致工业发生迅速变化，而在回顾工业革命整个时期，我们可以讨论机器的引入对劳动者就业和报酬的影响。

改变纺织行业状况的第一项发明就是飞梭。与其说飞梭是一项新的发明，不如说它是改良的编织工具。飞梭不能代替体力劳动，而且在任何方面都不能代替熟练工。飞梭明显地从属于原来的技术形式，它能使优秀的劳动者更快地运用他

织工用飞梭技术织布的场景

掌握的技能。最初，飞梭用于编织宽幅布。飞梭出现以前，织工需要一个助手在织布机两端来回拉动梭子，但借助飞梭，织工自己就可以完成这些操作。这使织工的工作效率更高，工作成本更低，因为织工不需要支付助手的报酬。对布料业，飞梭产生的影响很奇怪。布的产量没有增加，因为羊毛的供应量减少了；同时，布的价格没有下降。织工制作完成每块布的报酬没有发生任何变化。不过，最优秀的人工作起来比以前更快，他们织的布更多，获取的报酬也更多；而工作效率低下的劳动者很难被雇用，只能从事其他行业，主要是棉纺织业。技术改进的好处并不是向公众提供廉价商品，而是为那些将全部精力投入工作的最优秀的劳动者提供便利。享受了技术进步带来的好处的劳动者作为一个阶层，在社会上获得了一定地位，在随后的艰难时期，他们把18世纪的最后十年看作是自己职业的美好时期。

一系列重大发明彻底改变了纺织业。这些重大发明最初是由理查德·阿克

塞缪尔·克朗普顿

赖特、塞缪尔·克朗普顿和詹姆斯·哈格里夫斯引入纺纱行业的。纺纱是特别适合使用机器的技术，因为纺纱最重要的事情是要保持纱线整齐划一，这特别需要机器的完美操作。1790年，在工厂，拉纳克的凯利先生应用了以水为动力的纺纱机器。18世纪末，纺纱行业速度增长。以前，纺纱行业规模相对较小，主要集中在曼彻斯特。随着机器设备的出现，纱线开始大量生产，各个地方都建立了纺纱厂。某段时间内，德比郡、诺丁汉郡、伍斯特郡等地是纺纱行业的中心。纺纱行业异常繁荣，原来无法满足国外棉布需求的英格兰制造商向欧洲大陆输送了大量英格兰制造的纱线。纺纱行业的发展非常迅速，说明机器的使用实际上推动了它的发展。纺纱行业提供的就业机会，吸引了大量人在纺纱厂附近定居。当纺纱机器使用水力时，劳动者的分布就没有那么集中了。因为工厂不是紧密聚集在一起，而是设置在同一条河流上的不同地点（19节）。不过，当蒸汽作为动力被应用到纺纱机器上时，纺纱厂再次紧密聚集在一起，并且劳动者被吸引在紧密相连的纺纱厂周围，建立起工业城镇。

关于新兴产业中儿童的工作条件前文已描述过（127节），并且很快引起了立法机关的注意；然而，成年人在新兴产业中也遭受了很多痛苦。在有充足水资源的地区发展起来的工业城镇通常很难获得补给，一切商品都很昂贵；工资几乎没有上涨，但实物工资制度很快得到全面实施。在城镇的不舒适感主要是由于建筑商偷工减料造成的；劳动者居住的房屋破旧不堪，规划不周，建造不善，并且忽略了最基本的卫生要求。直到1849年霍乱爆发时，公众才注意到，劳动者的居住地存在着被忽略的危险。

纺纱机器的引入为纺纱行业带来了突飞猛进的发展。然而，我们更感兴趣的是追踪机器引入布料业的过程。迄今为止，布料业一直是英格兰的支柱型产业，且以某种形式广泛散布在各地区。

1748年，英格兰人就发明了羊毛梳理机，它得到了纺织工的普遍认可。显然，纺纱工很高兴羊毛梳理机为他们省去了羊毛制备的初步工序，在羊毛制备的后续工序中他们还依赖粗纱机进行工作。当资本家试图把珍妮纺纱机的应用范围从棉纱扩大到毛织品时，人们对这件事情没什么兴趣。珍妮纺纱机得到了一定的传播，但传播的速度很慢。1791年，在德文郡，珍妮纺纱机投入使用；十年后，本杰明·戈特先生将珍妮纺纱机引入约克郡西区。在约克郡西区，珍尼纺纱机被认为是一个新生事物，它的引入并没有让当地的人感到特别兴奋。18世纪最后十年，纺纱行业的工资水平很低，人们在只能获得极低报酬的情况下很难做到不欠债。除了工资，劳动者还可以获得政府发放的津贴，以弥补家庭收入不足，家庭不会因停止纺纱而遭受损失。因此，津贴制度掩盖了机器引入带来的无形变化。直到1816年，当工业由以劳动力为主转变为以机器为主的过程快要完成时，我们才听说了一些用于纺织羊毛的机器遭到破坏的事，但这是东部各地的人们因为生计进行的非常偶然的暴力行为。

我们不会夸大技术变化的重要性。至少在18世纪，在英格兰乡村的许多地方，大量村民采用了纺羊毛的技术。纺纱为人们提供了可以获得很高报酬的工作，妇女和儿童的收入为劳动者的工资提供了补充。当纺纱业集中在工厂并作为独立的就业方式经营时，它完全从乡村转移了出去。然而，在村民的家庭经济来源中，没有其他方式可以弥补停止纺纱造成的损失。因此，家庭纺纱业的衰退对村民的舒适感和乡村的发展产生了非常严重的影响。

马修·博尔顿和詹姆斯·瓦特的发明，以及蒸汽动力在纺织机器上的应用是工业发展的再次进步。1785年，在棉纺厂，蒸汽机首次投入使用。此后的三四十年，水力和蒸汽动力的竞争一直在进行。毫无疑问，在水源供应充足的地方，水力无疑更便宜；但在许多地方，由于缺水，工厂很容易陷入长时间停工。蒸汽动力虽然比水力更贵，但可以持续获得，并且蒸汽动力的大小可以根据人们的需要来增减。这种便利性最终导致蒸汽动力的普遍采用。正如已指出的那样，工业城镇的兴起与蒸汽动力的使用有关。从很多方面来说，蒸汽动力的使用对操作工来说是一大恩惠。长时间过度劳累的案例主要发生在使用水力的工厂，因为使用水力的工厂的劳动者急于弥补因水力供应不足而损失的生产时间。那些连续工作许多个小时、辅助纺织工人工作的孩子讲述的关于纺织工人过度劳累的故事，都来自使用水力的工厂。在停用水力的同时，工厂没有了让劳动者长时间过度工作的合理借口。另外，可以说，蒸汽动力的发展促使了能带动大量纺锤的新机器的出现。新机器对劳动者带来的压力远远大于原来使用水力的工厂给劳动者带来的压力。工作以更快的速度进行，这要求操作工有更好的操纵力，同时增加了他们的工作压力。

需要指出的是，最后一个重要发明是逐渐取代了手工织布的动力织布机。

艾德蒙特·卡特赖特博士

动力织布机由一个杰出的人物发明。艾德蒙特·卡特赖特博士是林肯郡的一位牧师。1784年，艾德蒙特·卡特赖特访问马特洛克时，与部分曼彻斯特人进行了交谈，提出了制造动力织布机以进行动力织布的建议。他的朋友认为他的想法不切实际，但他决心把自己提出的建议付诸实施。几年后，艾德蒙特·卡特赖特成功制造出了能够用于商业生产的织布机，但他在世时他的发明没有得到应用。艾德蒙特·卡特赖特证明了动力织布是可能的，正如他也证明了羊毛精梳可以使用机器来完成。然而，在1840年以前，手工织布一直是普遍做法。当时，一个委员会调查了使用动力织布机的织工的状况。布拉德福德的精纺毛纱行业引入了动力织布，但手工织布在利兹的毛纺制造中仍占有一席之地。在织布行业中，动力织布开始流行起来，但并没有取代手工织布。贸易一直在扩大，在没有影响原来手工织布工人就业的情况下，动力织布机织出来的棉质布料得到售卖。

与此同时，纺织行业的工资水平非常低。可以想象的是，纺织行业的工资水平低可能是纺织行业借助动力织布影响的，同时是新发明引入纺织行业的过程非常缓慢的原因。当工资水平很低，手工生产的成本很低时，资本家不愿意承担难以收回购买和安装昂贵机器的成本的风险。除非可以获得很可观的利润，否则购买和安装昂贵的机器对资本家没有好处。我们有理由怀疑，到1840年时动力织布是否会被普遍采用。对质量较差的商品来说，动力织布的成本不可能比低薪的手工劳动更低，并且动力织布机还没有完善到可以完成最出色的织工的工作。

在资本家看来，机器生产带来的巨大优势类似于蒸汽动力相比于水力为他带来的优势。为实现贸易目的，资本家有必要控制商品生产的业务组织过程。水力不可依赖；使用手工织布机的织工也不可能总是可靠、有规律地工作，他们难以按时完成工作，因此，订单无法按时完成。采用动力织布后，业务的一切组织过程都处于资本家的监督下；资本家知道自己在贸易中所处的位置，也知道自己需要承担什么责任。此外，由于动力织布是在资本家监督下在工厂进行的，因此，发生织工挪用材料影响织布进程的可能性要比家庭生产制下小得多。

1840年以前，苏格兰羊毛行业中采用的制度可以实现动力织布的部分优势，这种制度开始在纺纱行业中得到采用，尽管推广的速度很慢。资本家建造了放织布机的厂房。织工来到厂房中，在资本家的监督下用手摇织布机完成工作。那些以这种方式工作的人比那些更喜欢在家工作、享有更多自由的人得到了更高的工资。不过，这种在厂房使用手摇织布机工作的方式毕竟只是一种过渡形式。以这种方式组织起来的织布方式有其优点，在织布的管理过程中，监管权能够得到很好的应用，尤其是在与纺纱有关的工作置于同一场所进行时。

使用手摇织布机工作的织工非常依赖自己的职业，当工作断断续续、报酬很低时，他仍会坚守自己的职业。不过，1839年，在委员会报告织工状况后不久，情况就变得非常明显了：使用手摇织布机的织工正在进行的抗争毫无意义，动力织布必将赢得胜利。随着越来越多的动力织布机投入使用，织布行业的转型得以完成。织布行业不再是为各种高度专业化的技能人才提供就业机会的重要行业，而是完全转变为一系列机器生产过程的行业。

129●机器与贸易的扩张　在工业革命整个进程中，许多劳动者坚定地认为，机器是他们的敌人，减少了他们的就业机会，降低了他们的工资。劳动者对机器的敌视通过许多方式得到体现。有时体现在约克郡剪羊毛机器被摧毁的骚乱中，有时体现在提议对机器的使用实施立法限制，使机器的效率与手工操作的效率相同，并且制止机器比手工操作更快或以更低成本完成工作。后一种建议是基于古老的谬论，即就业数量有限，而任何类型的效率的提高都是不幸，因为效率的提高只会给劳动者留下较少的要做的工作。因此，在使用机器的情况下，原来的工作提供的就业机会就更少了。

一般情况下，限制效率提升是非常错误的做法，不管怎么样说，都是一种狭隘的政策。无论某一特定行业的利益是什么，一般公众的利益最好由效率来保障。当商品生产速度更快、成本更低时，需求就会以更优惠的条件得到满足。当需求以更优惠的条件得到满足时，消费者就能够普遍获益。就布料等普通消费品来说，工人阶级，无论是集体还是个人，都因生产效率的提高和生产成本的降低而获益。

不过，这种获益有时非常微小，看上去遥不可及，因此，把这种获益作为对失业者的安慰是荒谬的。对整个社会来说，毋庸置疑，使用机器的收益是巨大的；但对那些不再被要求去做他唯一能做得很好的事情的人来说，使用机器会给他造成重大损失。尽管机器生产能带来很多好处，但机器的引入意味着拥有特殊技能的工人，如纺纱工或织工，会被机器取代，他们将毫无用处和价值，并且丧失全部就业机会。对许多消费者来说，要在自己获得极小好处和熟练工被迫破产之间衡量哪种做法更好，似乎很难。

尽管对拥有特殊技能的工人来说，机器的引入给他们造成了巨大损失，但由于引入了取代拥有特殊技能的劳动者的机器，劳动者普遍获得了巨大好处，并且资本家对劳动的整体需求得到了巨大满足。通过更高效和成本更低的方法，劳动者可以在相同成本下生产更多数量的商品，结果是商品价格下降了。商品价格下降几乎肯定会引起商品需求的增加，而为了满足由于商品价格下降导致的商品需求的增加，资本家很可能会雇用更多的劳动者来操作机器，而劳动者不再像以前一样进行手工劳动。就对劳动者市场的总体影响来说，引入机器后，劳动者可能会比机器引入前有更多的就业机会和获得更多的工资。提高效率，进而提供廉价商品，是认为可以永久刺激需求和提供更多就业机会的事情。

这种趋势可以用两个简单的例子说明。在发明时代到来以前，棉纱贸易规模比较小，纺纱工和织工的数量非常少。当纺纱工的特殊技能被机器取代后，优秀的纺纱工就成了失败者。但贸易扩张给纺纱行业和织布行业提供了比以前多得多的就业机会。工业城镇的形成就能说明机器的引入为大量人口创造了额外的就业机会。英格兰的铁路系统可以看作是承载了其国内交通运输的巨大机器。铁路的引入遭到了许多人的反对，理由是铁路将取代马匹的工作和对马匹的需求，马车夫、马匹饲养者和其他一部分人将遭受丧失工作的痛苦。毫无疑问，驾驶用于运输的四轮大马车的马车夫的特殊技能不再有需求，他遭受了丧失工作的痛苦。然而，由于铁路使旅行费用变得非常便宜，人们对运输工具产生了史无前例的需求。与铁路有关的就业领域肯定比使用四轮大马车作为运输工具的时代大多了，具体从业人员包括办事员、搬运工、码头工人、司机、警卫等。对一小部分人来说，铁路的发明给他带来了不利影响，但总体来说，铁路创造了大量就业机会。

乍一看，某种特殊技能的丧失对社会来说也许是一种无法弥补的损失，用更多未受过专业训练的人代替拥有特殊技能的人并不能完全弥补特殊技能的丧失带来的损失。不过需要记住，手工劳动和机器作业的不同之处在于，机器的使用也许会带来更高级别的技能的出现。社会对某种形式的、熟练的手工技能的需求可能会减少，但人们在使用机器时可能需要更多的才智。我们很难证明，与以前拥有某种特殊的手工技能的工人相比，当代使用机器作业的工人的智力更低，或者当代使用机器作业的工人的不足之处更多，尽管当代使用机器作业的工人可能不再拥有某种特殊的手工技能。

因此，可以说，劳动者并没有因引入机器而遭受苦难，只是某一类劳动者拥有的高度专业化手工技能被某种机器取代。对拥有高度专业化手工技能的人来说，机器的引入造成了实实存在的损失，但机器引入造成的损失有限，并且不引入机器必须牺牲社会的整体利益——机器的引入为消费者提供了廉价商品，随后通过贸易扩张，使劳动者普遍受益。然而，必须指出的是，尽管引入了机器，如果没有随后的贸易扩张，增加就业的好处就不会存在。如果一件商品不是普通消费品，那么越来越便宜的商品价格是否能增加需求就值得怀疑了。高筒靴只是狩猎成本中很小的一部分，并且高筒靴即使更便宜，也可能很少会穿坏，需求难以扩大。在其他情况下，由于原料供应有限，贸易可能无法扩大。例如，在澳大利亚的羊毛大量涌入英格兰市场前，与布料行业有关的所有部门都无法扩大贸易。如前文所述，由于原料供应受限导致贸易无法扩大的情况有利于使用飞梭的熟练的织工。不过，在后来的发明中，情况有所不同。后来的发明是布料行业中技术工人的替代品，而不是附属品。当采用机器剪羊毛时，剪羊毛的人，或者称收割者，他们被机器取代了。机器取代剪羊毛的人的变化几乎没有带来贸易扩张，即使贸易有所扩张，扩张幅度也很小。因此，修剪羊毛这一古老工艺的掌握者遭受了损失，并且无法通过普通劳动获得补偿。同样，羊毛精梳是就业人数有限的行业。精梳机器引入精梳行业，取代了精梳熟练工，这既没有引发贸易扩张，也没有开辟任何新的就业机会。约克郡剪羊毛的劳动者反对机器的立场体现为一场与卢德分子的暴动有关的骚乱。与通常所谓的骚乱相比，这场骚乱的爆发有着更合适的理由。熟练工被机器取代了，但其他劳动者阶层直接获得的东西没有太多改变。在这里，我们没有考虑劳动者能获得的间接好处，如劳动者作为消费者，能以更低的价格买到衣物。

130●消费者分享工业革命的成果 无论工业革命对整个社会经济的发展和劳动阶级道德状况方面造成的影响多么令我们感兴趣，要估算出这种影响的程度仍然是一件非常困难的事。

在工业革命以前，英格兰的羊毛纺织工通常居住在乡村，或者在一定程度上依附土地利益。羊毛纺织工可能像谢菲尔德的刀匠一样拥有菜园，或者像利兹附近的织工一样参与放牧。羊毛纺织工并不完全依赖自己的职业，即使是在工业萧条时期，他仍然能维持生计。在行业不景气时，他至少可以挺过一段时间，尽管他可能不得不面临物资“短缺”的问题，但他还是有可能度过这几个糟糕的星期。然而，随着劳动者向大城镇聚集，在行业不景气时依赖土地的做法已不再可行。虽然织工没有浪费时间去买制作布的原料或销售布料，但他的房子位于一个拥挤的地方，他和邻居都没有土地。因此，此时织工的生存状况直接取决于贸易状况。工资是织工唯一的生活来源，如果找不到工作，或者工资很低，他没有办法依靠其他收入来源来维持生计。织工维持生计只有一种方式，而没有两种方式。因此，与以前相比，他的独立地位要差得多。

英格兰的农业劳动者也遭受到与织工类似的损失。英格兰的农业劳动者基本上都从事纺纱工作。作为纺纱工，农业劳动者可以非常容易从纺纱工作中获取收入，而妻子和孩子通过从事农业获得的收入成了家庭额外的收入来源。纺纱工有两种方式维持生计，如果他还可以放牧，那么可以说，他有三种方式维持生计。纺纱工的家庭经济来源处于非常稳定的状态。然而，随着机器纺纱技术的引进，以及圈地的发展，纺纱工相继失去了两种维持生计的手段。与工厂的操作工一样，农业劳动者的家庭收入也完全依赖于工资。农业劳动者的经济状况不再取决于“土地的稳定要素，而是取决于贸易的波动要素”，因为农业劳动者只是工薪阶层，他们的全部就业机会和工资水平都取决于商品的市场价格。

到目前为止，关于使乡村生活更具吸引力，以及防止劳动力向城镇转移的话题，我们谈论了许多。要使乡村生活更具吸引力并防止劳动力向城镇转移，实质上就是要使乡村的家庭变得更富裕。政府有可能重新为农民家庭提供小块土地，重新创造家庭自给农业，但过去和现在的关键区别在于，过去有许多可以利用的就业机会，这些就业机会可以说是集中在不同行业。交通工具的改善可能会使在乡村开始某种农业以外的工作成为可能，如印刷工作。因此，劳动者可能再次享受到乡村生活的好处，同时在其从事的行业中仍有固定的就业机会，不过，家庭生产制不太可能重新恢复活力，因为家庭生产制不可能像工业革命以前那样使农民家庭获得稳定的收入。

然而，农民家庭原来稳定的经济状况与社会发展相矛盾。家庭手工业之所以消失，是因为劳动分工提高了生产效率，也因为英格兰商人的进取心把英格兰带入了全世界的商业往来。由于这种进步，英格兰技工和劳动者在许多方面都获得了好处。18世纪，喝茶被认为是堕落的奢侈行为。不过，由于社会的发展，即使是在最节俭的家庭中，茶也几乎被视为必需品。作为奢侈品的橙子和其他水果、烟草、报纸，比以前更容易买到。这些物品明显增加了生活的舒适度，而劳动者在以前根本享受不到。此外，各种各样的衣服和家用器具都比以前便宜得多。工业革命大大提高了工资的购买力。不过，要使劳动者实现物质条件的得失平衡并不是一件容易的事。尽管劳动者失去了稳定的经济来源，但社会获得了进步。英格兰面临的问题不是回到过去的环境，失去已取得的进步，而是在有可能的情况下，创造一些新的稳定条件，并且使这些新的稳定条件与社会进一步发展相适应。

如果估算劳动者的物质福利变化存在很大困难，那么追踪物质福利变化对劳动者的道德和品格的影响要更困难得多。人们总是倾向于把过去理想化，认为每一代人的道德状况都比先辈的更糟糕。人们很容易做出这样的断言，并且我们很少有办法去检验这一断言，也很少有办法来说明这种观点可能存在的依据。同时，我们可以很容易地指出城镇生活中存在的令人道德败坏和堕落的因素，并且对乡村环境对人造成的不利影响感到遗憾。然而，事实是，正如统计的非法移民的数字显示的那样，乡村环境并不总是有利于人们道德水平的提升。家庭生产制下劳动者的拖延和不诚实是工厂制取得发展的主要原因，因为在工厂制下劳动者受到了有效监督。工厂劳动者的生活更有规律，更具纪律性。因此，最初人们不愿意服从《工厂法案》的专横规定，而较优秀、较独立的人则坚决反对《工厂法案》的规定。不过，反对《工厂法案》的规定是过去的事情了，使劳动者的日常生活习惯变得更加规律和稳定算是一个比较好的影响。

很大程度上，单个劳动者是孤立的，但在城镇，劳动者聚集在一起，产生了重要的社会影响。劳动者聚集在城镇为建立重要的友好行会、合作社和其他工匠组织铺平了道路。这些组织的形成及社会事务的管理本身就有重要的社会影响，产生了具有非凡权力的行政机构。尽管工会有时会因不明智的行为受到批评，但不应忘记，劳动大军的组织和纪律的形成是一项了不起的成就。与1812年或1816年劳动者开展的斗争相比，劳动者最近开展的斗争表现出相对的自我克制和脱离愤怒的特点，表明劳动者在进行有效的自我控制方面取得了显著进步。当然，劳动者的道德水平也有提升。

即使考虑到城镇生活存在的种种弊端，如房租非常贵、空气混浊等，但毫无疑问，城镇生活仍对劳动者具有非凡的吸引力。在城镇里，自我提升和娱乐的机会比在乡村多得多。我们不可能认为，18世纪，在教育的影响下，乡村的人的智力水平下降了。然而，现今城镇培育的劳动者和农业劳动者在知识能力方面的差别，是公平衡量与工业革命同步的智力进步和文化进步的标准。每一个时期，各个阶层都有高智商的人和低智商的人。面对乡村的人的智力是否下降这一难题，列举单个实例从来不可能是得出令人满意的结论的方法。不过，社会制度的形成和发展是更令人满意的检验方法，它是过去一百年来劳动者道德水平和智力进步的无可辩驳的见证。

131●个人管理与政府管理 前文也许已经说明资本在生产过程中日益增长的重要性。资本干预了生产过程，寻求商品市场，提供生产需要使用的原料，组织不同的分支行业，并且提供生产需要的装备和工具。在生产劳动中，那些拥有财富的人逐渐占有越来越大的份额。资本一直致力于生产更多的财富，它使劳动分工成为可能，通过提供生产工具和机器使劳动更有效率，同时承担必要的原料采购和商品销售工作。在没有看到资本增值的途径的情况下，资本的拥有者不会将自己的财富用于生产，或者不会继续将自己的财富用于生产。这种增值被称为利润。在承担商业风险时，资本家能获得利润。为资本家管理企业、安排原材料购买及商品出售的人因辛苦负责的工作而得到报酬，因管理各种麻烦事而获得管理上的收益。私有企业中，一个人如果拥有资本并自己管理生意，那么可能无法区分作为资本利润的收入和作为辛苦工作的报酬收入。不管这两种收入是否容易区分，它们取得的依据是不同的。在大的有限责任公司中，要区分这两种收入并不困难。伦敦和西北铁路公司的财富归股东所有，股东的利润以每半年支付一次股息的形式发放给股东。很少有股东主动参与公司管理，而那些被要求参与公司管理的人如公司董事，会因他们的管理工作获得报酬。公司大部分管理工作由领薪水的职员完成，他们为自己工作上的困难而烦恼，但他们并不是股东。在这种情况下，人们很容易区分资本的利润和管理层的工资收入。

随着企业组织的日益复杂和责任的增加，管理难度也大大增加。相应地，支付给从事某一业务的高效率人员的工资相应提高，而表现出有进取心、有能力承担责任的人的报酬也大大增加了。当考虑企业的发展在很大程度上取决于管理工作做得好时，那些热衷于竞争、盈利的大公司不得不为聘请的管理人员支付高工资。尽管管理人员的收入非常高，但把财富投资于企业，使企业能按照现代路线发展下去的资本家获得的报酬远不如从前那么高。资本的利润稳定下降：利率或贷款资金的报酬，可以用来体现普通商业利润率的变化趋势。人们如果看到通过资本投资获得高利润的可能性比较大，就不会愿意以极低的利率放贷。从伊丽莎白一世统治时期开始，英格兰国王需要为借款每年支付百分之十二的利息。后来，利率逐渐下降到百分之二点七五。作为一个指标，利率表明利润率一定有类似的下降过程。现在的资本家愿意把财富投资于企业，但他们得到的回报比两个世纪前期望的要少得多。资本的作用大大增加了，但资本的报酬率在稳步下降。

然而，在许多地区，人们的整体印象是资本家获得了过多份额的生产成果。当人们这么认为时，我们应区分资本家收入中的两个要素：资本利润和管理人员的工资。把这两个要素分开考虑后，我们可以思考是否有理由认为，对重要和必要的管理工作，可以支付较低的工资。

企业的发展离不开资本。随着资本作用的不断增强，企业对资本需求越来越大。许多企业因缺乏资金而陷入困境。18世纪初，达连公司或东印度公司遇到的困难是一个重要的经验教训，说明了企业运转需要资本。

在英格兰，现在比以前更容易获得资本，并且资本的利率比以前更低。与此同时，可以想象，政府能以极低的成本借入资金，然后在支付极低的利率的情况下将资金用于国家事务。能够到这种程度，某种国家社会主义可能比我们现有制度更加便宜。

然而，当考虑到其他方面如管理人员的工资时，我们很难找到看上去合理的理由来认为政府部门会比私营企业更细致、更具进取心地开展业务。无论是英格兰政府对造船厂的管理，还是对不同国家铁路状况的比较，都不能提供任何认为国家管理成本较低或在某个方面比私营企业提供的管理要好的牢靠证据。认为资本家付给管理人员的工资过高的想法是荒谬的，除非我们能想出一些办法，以更低的成本完成管理人员的工作。显然，管理人员的工资很高，但高工资是通过尽责的工作换来的。我们除非知道可以把工作做得和管理人员同样好但成本更低的方法，否则没有权利认为管理人员不应该得到高工资。

除了资本家获得的收益，劳动者对资本家的行为也在一定程度上存在着猜忌。因为人们怀疑，资本家开展的商业活动往往是在不利于劳动者利益的方向上进行的。人们抱着这样的希望：在民主政府的领导下，英格兰也许可以通过立法使工业向着符合劳动者利益的方向发展，而不是向有利于资本家利益的方向发展。

18世纪，人们的怀疑和希望具有一定合理性。曾经有一段时间，资本家进行了不计后果的投机行为，或者让劳动者在饥饿的状态下开展工作，这损害了劳动者的利益，并且资本家在贸易中获取的利益也受到了损害，尽管他可能成功获得了短期利益。然而，同样存在的事实是，如果劳动者不顾其职业的未来，只追求或抓住机会获得自己的眼前利益，那么不仅资本家会面临损失，劳动者也会面临损失。国家可以合理提高的唯一利益是劳动者的永久利益，而不是眼前利益。从长远的永久利益来看，资本家和劳动者并不是对立的，因为资本家和劳动者都对确保尽可能高的生产效率感兴趣。

无论是劳动者还是资本家，目光短浅地追求眼前利益对双方都会造成灾难性后果；一方或另一方的敌视方针引起了双方强烈的对立。六十年前，空谈理论的经济学家和资本家都拒绝向劳动者支付更高的工资，认为这是不可能实现的事，因为他们把发放给劳动者的工资看作是固定数量的资金。空谈理论的经济学家和资本家没有指望贸易会扩大，并且认为一定比例的劳动者陷入困境不可避免。然而，效率的提高增加了市场要分配的商品数量，劳动者的工资也提高了。发放工资的资金是固定的，但只限于特定时期内；发放工资的资金总是在增加。劳动者也犯了类似的错误，他们表现得就像自己的就业领域是绝对固定的，不能扩展。劳动者认为，逃工、游手好闲等是为更多的人提供就业机会的唯一方式。然而，劳动者这样做，只会使企业获得的利润减少。因此，企业采取的方针往往是减少就业机会。劳动者通过提高效率，更好完成工作，从而可以刺激企业对更多劳动者的需求。提高效率是企业取得更大发展的手段之一，也是成功抵御外国竞争的唯一保障。提高效率并不能获得直接的实际回报，并且它只能通过劳动者努力工作和在劳动者面临更严重的失业风险时实现，尽管如此，提高效率仍是使资本家和劳动者的永久利益实现一致的唯一方法。

第10章

英格兰与国外商业往来增加的后果

132●国家之间的商业竞争 第9章中，我们注意到商业作为国家外部支持力量的重要性。为了让商业充分发挥国家外部支持力量的作用，英格兰政府特别重视和扶持商业的发展。在英格兰的国内生活中，商业也扮演着重要角色。商业通过各种方式影响农业和工业。不过，它对农业和工业的影响一直没有得到重视，或自始至终都只是被间接提及。现在就这个问题的几句评论可能有助于将商业对工业和农业的影响的分散论述归纳为简短的总结。

就初级产品来说，商业往来的好处很明显。由于气候和土壤的差异，每个国家都能从与其他国家的商业往来中获益。正如约翰·黑尔斯在《公共福利对话集》中所说，“共同发展的动机肯定会要求一个地方应该在另一个地方需要的时候提供帮助。因此，上帝已规定，任何一个国家都不应该拥有所有商品；一个国家缺少的东西可以由另一个国家生产；一个国家在某年非常缺乏某种商品，而另一个国家在同一年就有非常多的某种商品。该规定的目的是让一个国家知道自己需要另一个国家的帮助，从而让爱和交往在更多的人之间扩散。”与外国的商业往来显然对英格兰国内消费者有利，对英格兰国内生产者也有利。英格兰国内生产者可以通过出口出售过剩商品。在英格兰国内，过剩商品没有需求，也无法在有利可图的情况下卖出去。14世纪，商人之间可能存在激烈的竞争，但不同国家间的经济戒备相对较小。

随着制造业的发展，情况发生改变。对许多种类的制造业来说，一个国家与另一个国家相比，似乎没有什么自然条件的优势，如果有，那也很微小。纺纱和织布是简单的技能，世界各地许多民族都从事过纺纱和织布。17世纪，各国政府意识到，通过培育新的制造业，可以不进口某些商品，并且为国内劳动者提供报酬丰厚的就业机会。当各国政府开始把商业视为工业的附属品，在为外国市场提供原材料或者在外国市场推销商品时，国际社会就有了更多的经济戒备机会，各国会对外国人征收恶意关税，或者限制殖民地的自然发展。

只要人类掌握的专业技能是制造业获得成功发展的主要因素，拥有的人口就会使一个国家在某些贸易领域获得明显优势。长期传承下来的技能并不容易培育或通过后天获得。拥有技能的人员的转移是有效培育新贸易的唯一手段。因此，工匠移民到英格兰对英格兰后来的发展至关重要。然而，18世纪，每个国家都希望以一定方式在特定的制造业上保持自己的独有优势，就像在特定商品上保持自己的特殊优势一样。然而，随着机器的引入，情况发生变化。任何国家都能以成本最低的方式获得生产普通商品的手段，而操作机器的技能并不像过去的手工劳动那样难以掌握。结果，在某些方面，国家间的经济竞争变得更激烈，因为几乎每一种商品都有在竞争中取得成功的合理期望。

当然，一个国家相对另一个国家更具自然优势的特殊情况可能存在。据说，奥尔德姆的气候特别适合细纺业的发展。便宜的原材料对孟买的棉纱厂是有利的，因为棉花只需运输一小段路就可以到达棉纱厂。不过，原材料这类货物的运输费用相对来说还是比较低的。另外，丰富的燃料供应，以及邻近工程设施和生产设备的交易中心，是目前发展棉纱厂的真正优势。自由贸易运动早期，燃料可能被认为是英格兰制造业霸权的充分保障。然而，英格兰制造业对煤炭的需求不断增加，欧洲大陆其他国家也在开发新油田。这使人怀疑，英格兰在燃料供应方面的优势还能持续多久。从各方面来看，显然，重要的实体设备正得到越来越广泛的推广：未来的工业领导权将掌握在那些发挥工业组织的综合优

19 世纪的奥尔德姆

势，以及在工业组织中拥有高智商和良好品格的操作工从而达到高效率生产的人的手中。

133●商业往来为消费者带来利益 任何一个国家只要对任何一种制造业或商品拥有特殊优势，这个国家在经济上自然希望专门从事自己拥有优势的制造业或商品方面的工作，并且向邻国提供邻国缺乏的东西。通过这种方式，所有相邻土地上此类货物的消费者将比其他情况下更容易获得需要的东西。不过，当一个国家只生产本国具有特殊优势的商品，并且从其他国家进口它们具有特殊优势的商品被作为国家政策时，需要关注的主要问题是，在某一特定土地上，进口商品的消费者是谁，以及从进口商品上获得的好处在多大程度上得到广泛分布？这可以从英格兰历史上两个不同时期的发展来进行说明。

爱德华三世急于鼓励英格兰与欧洲大陆的贸易中心进行频繁和便利的商业往来。我们可以说，爱德华三世是自由贸易主义者，他提倡对消费者实行“商品充足”或“价格低廉”的政策。不过，英格兰当时代表性的进口商品是葡萄酒，而葡萄酒是供宫廷和上层社会消费的奢侈品。爱德华三世统治时期，英格兰许多人很少使用进口商品，因此，他们几乎不受廉价进口政策的影响。然而，现今与爱德华三世统治时期不同，英格兰的面包、鸡蛋、奶酪、肉类和水果的供应主要来自国外。非常贫困的人依赖外国商品作为生活资料。对英格兰人来说，最重要的是从外国进口充足、便宜的商品。就英格兰目前情况来说，它与外国进行频繁的商业往来是必要的；它也不可能在不造成普遍的痛苦的情况下放弃英格兰奉行的自由贸易政策。

过去，情况并非如此。可以说，像英格兰王国这样的国家，在爱德华三世统治时期，保护本国工业是符合公众利益的比较合适的政策。如果富人为购买优质布料和葡萄酒需要支付更多的金钱，那么穷人的状况也不会太好。对本国工业的保护为英格兰劳动者创造了额外的就业机会。在任何一个国家，人们如果很少或根本不使用外国商品，就不会感受到使进口商品价格更便宜的措施对他们带来的好处，尽管人们确实从创造和获得的就业机会中受益。某种程度上，英格兰许多殖民地的情况类似于爱德华三世统治时期的英格兰。因此，民主政府倾向于通过征收恶意关税来提高外国商品的价格，以期为本国民众提供更多的就业机会。那些消费外国奢侈品的人得到的服务更差，但支付的货币更多。殖民地可以培育当地产业，以便为殖民地的生产者提供就业机会。与此同时，至少值得怀疑的是，是否有哪个国家能像英格兰王国一样提供充足的生活必需品，如布料和靴子。为了公众的利益，采取不利于外国商品的消费者的一系列政策在经济上是明智的。

就现今英格兰的情况来说，当英格兰的生活必需品依赖外国供应时，出于经济的考虑，为本国民众提供充足、便宜的外国商品相对所有其他政策来说更重要。然而，在其他国家，为了政治利益或社会利益牺牲某些经济上的优势是否明智可能是有争议的问题。相对英格兰王国来说欠发达的国家有自己的野心。欠发达的国家明白，人口稀少的国家无法在世界上培养出任何一种工业的优势，也没有可能使本国工业在世界上具有重要价值。欠发达的国家更愿意获得工匠或城镇人口，同样希望获得乡村人口，并且可能准备为增加人口做出经济上的牺牲。因此，自由贸易问题引发了经济学范围外的争论。毫无疑问，一个国家的经济优势依赖其土地上生产的大众消费品。然而，对那些只从国外进口奢侈品的国家来说，保证进口商品充足、便宜的做法获得的经济优势就不那么明显了。在解决经济问题时，一个国家必须考虑一种政策或另一种政策可能产生的政治后果，然后才能解决问题。在考虑政治后果的情况下，英格兰人很难指望自由贸易政策会很容易被其他国家采纳，尽管采用自由贸易政策显然是对其他国家最有利的政策。

最近，尽管麦金莱关税[①]和其他恶意关税为完全自由的商业往来增加了新壁垒，但毫无疑问，自由商业往来总体上增加了。贸易的总量越来越大，各国间的经济依存度越来越高。现今的商业往来非常容易，使一个国家只要拥有非常小的优势，就有可能促成有利可图的交易。半文明或野蛮国家不断发展，带来了贸易的新发展。现在，英格兰与一个世纪以前完全未被开发的地区有着频繁的商业往来。

134●商业交往是社会组织的“溶剂” 如果我们考虑一下英格兰的内部情况，那么毫无疑问，商业的发展，以及商业对工业的影响极大地增加了国家的物质财富。

我们把英格兰目前的状况与伊丽莎白一世即位时的状况进行比较，就会看见英格兰的物质繁荣有了多大程度的提高。19世纪，英格兰已不再是原来的微不足道的岛国；英格兰的政治重要性来自英格兰商业获得的财富。现在，英格兰的人口数量约是伊丽莎白一世即位时的六七倍。尽管社会底层阶级的舒适度没有提升，对不适应社会发展的人的过多增加没有采取预防性措施来控制，但大批劳动者的地位有了提升，他们可以得到比伊丽莎白一世统治时期更好的住房和

① 麦金莱关税将关税税率平均提高了百分之五十。——译者注

17 世纪发生在伦敦的瘟疫，两个妇女死在一条街上

衣服。商业为劳动者提供了比英格兰国内生产的商品价格还要低的部分商品，为劳动者提供了原本无法获得的就业机会，在各个方面促进了劳动者的物质繁荣。当查阅到关于中世纪频繁发生的饥荒的资料，或者15世纪到17世纪几乎长期存在的瘟疫的记述时，我们认为劳动者在物质繁荣方面有了较大提升。英格兰只要能在大范围内获得食物供应，就没必要担心以前食物供应不足的不幸再次发生；瘟疫的消失意味着给予瘟疫稳固支撑的不良卫生状况的消除。就我们获得的死亡率数据来说，它提供了一种符合体质、确定的方法来评估过去几个世纪人们生活舒适度的标准。

不过，英格兰物质繁荣程度的提高与国内其他条件的变化同时发生。商业往来是破坏工业组织的溶剂。商业使不同群体或国家在经济上相互依存，与有利于长期存在的机构发展的自给自足的经济不相容。

在诺曼征服以前，曾经有一段时间，英格兰的每个庄园或村庄都是一个自给自足的群体，如同现今印度的部分地区。庄园或村庄拥有大量集体主义组织。在向外人出售任何东西前，村庄的资源首先满足村庄的需求。负责村庄人员需求的协调并宣称得到众人支持的猪倌和养蜂人可以被认为是村庄管理人员。村庄的工匠可以完全满足村庄的需求。村庄几乎没必要与外界进行往来，群体内部的关系也不需要改变。然而，国内贸易很快将村庄原有的状况打破。猪倌或养蜂人在集镇上购买自己需要的东西，村里的手工业者失业了。当村庄里的每个人都按照自己认为的最合适的判断来利用自己的土地时，集体主义组织的所有痕迹消失了。村庄不再是小规模的能自给自足的经济整体，而是沦为了国家这个更大的经济整体中的乡村部分。通过商业，村庄开始专注生产，并且购买那些村庄在生产上没有优势的东西。村庄失去了经济上的自给自足和经济组织的完整性。

同样，我们如果回顾了乔治三世统治初期，那么可以说，大不列颠王国是一个自给自足的国家，尤其是把它的附属国也考虑在内时。乔治三世统治初期，大

乔治三世

不列颠王国有奇怪但完整的国家事务经济组织。在国家进取方向上，议会花费了大量精力，并且通过了一些被认为是对国家发展有利的途径，帮助建立了国家权力。国家采取了许多措施来布局、扶持和保护那些可能为人们提供丰厚报酬的就业机会的工业。英格兰政府特别亘视国家食品的供应，并且鼓励发展农业，以确保谷物的持续和稳定供应。政府为劳动者提供了适当的培训，至少在法律制度上，英格兰有一种机制可以确保劳动者能得到足够的酬劳；而那些不能胜任工作或不愿工作的人，则通过《济贫法》的救济措施得以生存，而不是得到关心。当时，英格兰有庞大的工商业组织体系，涉及国家工业生活的方方面面。不过，商业为工业带来了更多机遇，以及近期发展起来的专业化分工使英格兰转变为重要的制造业国家，瓦解了原来庞大的工商业组织。工业发展方向不再受约束，并且工业寻找到了自己的发展路径。工业界对政府的精心扶持感到不满，并且要求政府不要干涉工业。英格兰的食品是通过正常的贸易供应的。劳动者的培训不是系统化的，他们的工资随着市场的波动而变化。《济贫法》甚至被彻底修订，但它仍是重要的国家经济组织体系中唯一的幸存要素。商业打破了英格兰原有的经济组织体系，或者说，至少让重要的工业自由发展。工业自由发展使原来的经济组织体系完全被超越和取代。

商业往来的作用可以从目前印度正在发生的变化中得到说明。完全可以说，经济上的相互依存意味着贸易的波动和变化，而完整的组织在特定的群体能够维持自给自足、提供稳定条件下最容易发展。当然，城镇中也有经营商业的机构。随着贸易情况的变化，商业中心从事新贸易并进入新的发展方向非常方便。然而，英格兰并没有形成系统的经济组织体系。凡是存在商业往来的地方，社会制度都有不稳定的因素。过去，商业往来只是提供某个地方商品短缺或过多的解决办法。今后，任何试图建立完整的社会经济组织的尝试，都必须面对如何考虑商业及商业带来的变化的问题。商业可以不考虑贸易变化，维持在原始简单的状态，还是可以被控制，使商业不会对社会结构产生影响？习惯和传统不同但经济上相互依存的国家之间有没有可能设计一个完整的社会经济组织？如果有可能建立这样的组织，它会建立在世界性或全国性的基础上吗？这些问题都是在过去的社会组织瓦解时提出来的。答案隐藏在未来。

当我们回忆起过去生活逐渐遭到破坏的过程时，想要成功再现过去生活的希望就微乎其微了。中世纪手工业行会或自耕农繁荣的场景已一去不复返。我们必须向前看，在考虑到人类为征服自然而掌握的所有新力量的基础上，树立起未来的理想。偶尔，我们可以回顾一下过去。越了解经济生活繁荣或衰败的条件，就越能预测未来的经济环境，这有利于我们在未来实现经济目标。

135●现代的难题与个人责任 在瓦解原有社会制度时，商业往来产生的影响对经济关系和个人责任产生异常影响。每个人如果都几乎被限制在一个地区或一定范围内进行贸易，就没有独立行动的空间。在孤立的群体中，每个人与群体中其他人的关系都是已知的。庄园领主对农奴过分严厉，或者师傅由于疏忽没有很好指导徒弟，都是错误的行为。在群体内部，这些行为可以得到适当的责罚。同样，生产者出于各种各样的考虑会与消费者保持密切的关系。“人与人之间的公平”适用于普通贸易事务，而传统规则和特权地位可以用来控制对外贸易状况和制止敲诈勒索的企图。个人独立行动的范围有限，因此，履行个人义务相对容易。

简单地说，个人如果做错了事，要补救错误相对比较容易。如果各个群体相对孤立，群体内部成员间的经济关系简单、直接，人们就可以很容易从中找到犯错的人。另外，在现代，当商品进入市场并在市场上被购买时，生产者和消费者之间存在许多中间环节。生产者如果生产了劣质商品,可能不知道谁是他的商品的受害者。一个人如果以对生产者来说无利可图的极低价格购买商品，那么也无法查找出自己是在谁的劳动和谁付出的代价的基础上获得了好处。购买商品的人如果付出的钱比期望的要多，也就没有理由认为辛苦劳动的人会因他付出更多的钱而获益。因此，贸易出现的新的情况，令人不满。经济上的错误已形成，那些生产劣质商品的人和支付了不合理的价格购买商品的人认为自己无法采取补救措施来弥补自己的错误。他们认为，在贸易中，他们没有直接个人责任。非常多的市场和中介机构的干预，使贸易脱离了初期的个人行动范围。

然而，原有孤立社交被打破，这在降低个人责任感的同时，在时间和地点上对个人的经济行为产生了影响。在缺乏迁移自由时，施舍穷人是各个群体单独实施的行为。每种困难情况都是个别存在的情况，人们可能在充分了解困难情况的前提下，根据不同情形进行处理。然而，从都铎王朝统治时期开始，当流浪阶层的规模变得很大时，一切就都改变了。救济穷人的间接影响和长久影响比直接影响更重要。慷慨的善行可能会导致一个无所事事、游手好闲阶层的产生并长期存在下去，即为救济穷人而采取的措施可能会加剧不幸。一个人只要有可能依靠定期救济，或不工作就可以获得施舍，那么他逃避普通的、常规生活的动机就会大大增加。这会刺激贫困的增长。因此，很可能发生的情况是，旨在救济穷人的行动最终间接增加了它本来要预防的不幸。当然，这一认识并没有减少帮助穷人的责任，只是增加了额外责任，即救济穷人做出的努力要慎重并考虑周详。

商业往来使英格兰人与遥远民族的关系出现了新的特点。英格兰人与遥远民族的接触，间接对他们产生了影响。只要贸易仅限于特殊地点或工厂，情况就不会像现今一样，但半文明国家向所有国家的贸易商开放，导致欧洲商品和西欧思想快速涌入半文明国家[①]。一个世纪以前，国家的排外情绪比现在要强烈得多，这掩盖了人道主义责任感。现在，对原住民和依附民族的责任感比一个世纪以前要强烈得多。奇怪的是，我们注意到，乔治·怀特菲尔德对英格兰人在佐治亚州受到的种种限制表示愤慨，这些限制使英格兰人不能向当地人供应朗姆酒，也不能拥有奴隶。英格兰人的日常宗教意识更开明；18世纪，英格兰王国已经认识到，作为一个国家，它对受到英格兰商业关系影响的所有人负有真正的责任。

因此，英格兰面临多种经济影响，这些影响是间接的和深远的，任何个人都

① 1822年，按照人类的生存状态，英国爱丁堡出版的《爱丁堡地名辞典》将国家划分为蒙昧、野蛮、半文明和文明四个层级。——译者注

乔治·怀特菲尔德

无法有效控制。英格兰需要集体的道德行动：在直接的个人关系范围内，公平交易的道德义务仍然存在。在市场干预和个人行动无能为力的较大领域，英格兰政府必须通过建立的权力采取集体行动，在经济事务中执行义务。可以说，议会的法令并不能使人变得有道德，但可以肯定的是，议会的法令可以履行公众良知真正觉醒时的所有职责。

136●全书总结 把现今的工业和任何更早世纪的工业的各种不同区分开来非常复杂，导致我们很难将历史调查结果直接应用于现今时代的实际问题。然而，尽管我们的认识可能不会为现在的社会复兴提供现成模板，但将帮助我们更真实地了解自己的时代。通过追溯现存不幸的起源和发展，我们会发现现存不幸是多么根深蒂固、难以根除。不过，我们能做出更准确的判断，并且更清楚地说明现今迫切需要解决的问题。历史不会重演，但相似的情况或多或少确实会重演；我们至少可以从过去的经验中总结出一些补救不幸的建议，这些建议可能会有希望获得成功。在改善不幸的过程中，我们会面临危险。学会发现隐藏在许多为改善不幸的善意努力中的一些危险；通过了解过去，我们可以从过去的灾难中和过去几代人的经历中获得启发。从某种意义上说，研究一些很重要的、迫切需要解决的问题是值得赞赏的，这些问题是前几代人提出并解决的问题。如果我们个人利益不受影响，个人感情保持稳定，那么我们也许能更公正地看待历史事件的两面性。那些学会公平评判死者的人，也更有可能在与生者的争论中保持公平。那些寻求能结束一切混乱的某种乌托邦式方案的狂热者会厌恶历史。对他们来说，历史不具备任何信息。然而，那些耐心面对每个新时代产生的新困难的人会发现，自己如不完全鄙弃从对过去客观的研究中可能获得的帮助，则可以更彻底地研究并更明智地处理新时代产生的新困难。

年表

时间（年）	移民迁移到不列颠、自然条件（第1章，第2章）	庄园、农业（第3章，第8章）	城镇、劳动和资本（第4章，第9章）	国民经济生活（第5章，第6章）	货币、信用和金融（第7章）
400	449年到600年，日耳曼人征服不列颠。	410年，罗马人离开不列颠。			
500	597年，在不列颠，罗马教士坎特伯雷的奥古斯丁传播基督教。		597年，基督教传入英格兰。		
600	635年，在不列颠，圣艾丹主教传播基督教。				
700	787年到1042年，丹麦人入侵不列颠。之后，他们在此地定居并管理部分地区。			790年，麦西亚国王奥法和法兰西国王查理曼签订商业条约。	
800					
900		991年，英格兰国王埃塞尔雷德二世开始征收丹麦金。	901年到924年，长者爱德华吞并麦西亚。	918年，刘易舍姆的庄园被赐予根特的本笃会修道院。	
1000	1066年，英格兰北方土地遭到毁坏。 诺曼人迁移到英格兰。 英格兰修建基督教修道院。 1066年到1070年，诺曼征服。	1051年，“忏悔者”爱德华取消丹麦金。 1084年，威廉一世恢复征收丹麦金。 1086年，威廉一世汇编《末日审判书》。	1086年，威廉一世进行土地调查。 1095年，第一次十字军东征。		
1100		1130年、1156年，亨利一世和亨利二世分别编制了记录各个地方每年交纳给国王的赋税及其拖欠账目的《财政收支卷档》。 亨利·德·沃尔特撰写了《耕种》一书。	亨利一世统治时期，织工行会兴起。	亨利一世、亨利二世统治时期，政府组织主要城镇承担财政职能。	1125年，亨利一世惩罚不诚实的铸币者。

时间（年）	移民迁移到不列颠、自然条件（第 1 章，第 2 章）	庄园、农业（第 3 章，第 8 章）	城镇、劳动和资本（第 4 章，第 9 章）	国民经济生活（第 5 章，第 6 章）	货币、信用和金融（第 7 章）
			亨利二世统治时期，英格兰政府规定了面包的法定标准。 1190 年，莱斯特的人们获得免除为庄园领主义务耕种的特许状。 1197 年，英格兰政府制订度量衡的法定标准。 商业行会兴起。	亨利二世统治时期，英格兰与加斯科涅建立了联系。 亨利三世统治时期，英格兰政府征收沉重的教皇税。	亨利二世统治时期，英格兰政府重新组织铸币。 1181 年，亨利二世颁布《兵器诏令》。
1200		1235 年，英格兰政府通过《默顿法令》。	1205 年，考文垂的面包师行会成立。 1254 年，雷丁发生暴乱。 1266 年，英格兰再次规定面包的法定标准。 爱德华一世统治时期，北安普敦居民由于城镇税收负担过重而迁移到其他地方。 1270 年，最后一次十字军东征。 1272 年，诺里奇发生骚乱。	爱德华一世制订铸币规则。 1277 年到 1283 年，英格兰发动征服威尔士的战争。 1283 年，英格兰政府颁布《阿克顿·伯内尔法令》。 1285 年，爱德华一世颁布《温切斯特法令》。 1290 年，英格兰驱逐犹太人。 1295 年，英格兰建立议会。 1296 年，英格兰发动与苏格兰的战争。	1275 年，英格兰组建议会，改革旧的管理习俗。 1292 年，英格兰政府颁布铸币法令。 1297 年，王室为自治城镇颁发特许状。 1299 年，爱德华一世颁布禁止劣质货币在英格兰流通同时禁止英格兰货币输出的法令。
1300	1313 年到 1390 年，英格兰主要城镇管理制度发生变革。	1327 年，英格兰大范围种植大麦。	1321 年，伦敦织工行会向伦敦政府屈服。 1327 年，雷丁发生骚乱。	1313 年到 1390 年，主要城镇的贸易获得了发展。 爱德华三世改变铸币规则。 1328 年，布料商抱怨皇家毛料规格管理官的要求过于严苛。	1303 年，贸易中新习俗的出现。

续表

时间（年）	移民迁移到不列颠、自然条件（第1章，第2章）	庄园、农业（第3章，第8章）	城镇、劳动和资本（第4章，第9章）	国民经济生活（第5章，第6章）	货币、信用和金融（第7章）
	1331年、1336年等，佛兰芒人大量迁入英格兰。	1349年到1350年，在英格兰，黑死病爆发。	1345年，杂货商行会成立。	1331年、1336年，佛兰芒人迁移到英格兰。	1334年，英格兰实行新的财政规定，规定城镇居民和乡村居民分别按财产征收十分之一和十五分之一的税。
	1350年到1600年，庄园领主以牺牲耕作为代价发展牧羊业。	1350年到1600年，庄园领主大力发展牧羊业，并进行圈地；乡村人口减少。	1349年到1350年，在英格兰，黑死病爆发。	1337年到1453年，英格兰与法兰西爆发百年战争。	1335年，在没有获得政府许可证的情况下，英格兰政府禁止出口金银。
		1351年，爱德华三世颁布《劳工法令》。		1351年，爱德华三世颁布《劳工法令》。	1347年到1348年，英格兰物价上涨。
				1353年，爱德华三世重新确定了商业的主要城镇。 1360年，《布勒丁尼条约》。	1351年，英格兰政府发行重量更轻的货币。
				1376年，良好议会建立。 理查二世试图限制人们从事某些职业。	1377年、1381年，英格兰征收人头税。
		1381年，英格兰各地爆发农民起义。	1381年，英格兰各地农民起义。	1381年，英格兰政府鼓励造船业发展。 英格兰政府禁止出口金银。	
			爱德华三世统治时期，手工业行会出现。 布料商作为专门从事贸易的人出现。 同业行会兴起。		
1400	英格兰政府采取措施鼓励英格兰航运业的发展	1450年，考文垂对圈地提出抱怨。		1403年，英格兰王国与卡斯蒂尔王国签订贸易条约。	
				亨利五世、亨利六世及亨利七世统治时期，英格兰政府鼓励造船业的发展。	1412年、1464年，金属货币贬值。
			乡村劳动力向城镇迁移的趋势得到遏制。 1455年到1485年，英格兰爆发玫瑰战争。	1429年，“海上巡游者”劫掠英格兰商船。	
			1465年，英格兰制订布料贸易的规则。 熟练工与织工发生冲突。 英格兰政府给予布料商税收豁免。	1465年，英格兰制订布料交易规则。 1474年，英格兰政府与汉萨德人达成协议。 1480年，英格兰派航海队伍寻找巴西。 1485年，英格兰政府在比萨任命领事。 1490年，英格兰王国与冰岛签订商业条约。 英格兰王国与佛罗伦萨共和国签订商业条约。	1472年，英格兰政府为进出口商品提供补贴。

时间（年）	移民迁移到不列颠、自然条件（第1章，第2章）	庄园、农业（第3章，第8章）	城镇、劳动和资本（第4章，第9章）	国民经济生活（第5章，第6章）	货币、信用和金融（第7章）
	1492年，克里斯托弗·哥伦布发现美洲。			1492年，克里斯托弗·哥伦布发现美洲。 1496年，亨利七世与卡斯蒂尔的腓力一世签署了《马格纳斯协定》。 商业冒险家的兴起。	
1500		亨利七世时期，英格兰农业引进轮作制度。		亨利八世、爱德华六世统治时期，英格兰政府限制了个人拥有的羊的数量。 1513年，在德特福德，英格兰政府建立了开展造船厂和军械库生产原材料贸易的公司。	亨利八世统治时期，金属货币贬值。
				1514年，领港公会的成立促进了英格兰人在航海事业上的合作。	1514年，英格兰政府征收一般补助金。
		1517年，英格兰政府进行圈地调查。	1517年，伦敦爆发严重骚乱。人们称骚乱那天为“不幸的劳动日”。	1517年，英格兰政府开展圈地调查。	
		1523年，安东尼·菲茨赫伯特撰写了关于耕种的著作。	1519年，约克郡的郡长维护地方管辖权。 亨利八世统治时期，新城镇获得发展。	1548年，爱德华六世颁布的《劳工法令》明确禁止帮工结社。	欧洲国家发现美洲的矿藏。
			1552年，工厂因雇用儿童受到谴责。 1555年，英格兰通过《织工法案》。	1555年，英格兰政府委任公路测量员。 1558年，城镇居民的迁移得到控制。	1551年，货币进一步贬值。
	1561年到1582年，荷兰、佛兰德斯和法兰西工匠移民到英格兰。			1562年，英格兰政府强制救助穷人。	1561年，英格兰政府提升了货币的贵金属纯度。
			1563年，伊丽莎白一世颁布《工匠法令》。	1563年，伊丽莎白一世颁布《工匠法令》。 英格兰政府颁布关于航海管理的法令。 1565年，在诺里奇，瓦隆人实行新的贸易制度。	
		1574年，伊丽莎白一世解放了英格兰最后一批佃农。		1570年，在科尔切斯特，来自荷兰湾的制造商建立了自己的工业。	
1600	在纽芬兰，英格兰的捕鱼队获得优势。	农业发展取得理论进展。 杰维斯·马卡姆、理查德·韦斯顿、加布里埃尔·普拉特等论述了农业耕作方式。	1589年，威廉·李发明针织机。 城镇购买煤炭。	1581年，英格兰成立土耳其公司。 1600年，东印度公司成立。 1601年，英格兰政府通过《济贫法》。 王室保留硝石的特许生产和销售权。	

时间（年）	移民迁移到不列颠、自然条件（第 1 章，第 2 章）	庄园、农业（第 3 章，第 8 章）	城镇、劳动和资本（第 4 章，第 9 章）	国民经济生活（第 5 章，第 6 章）	货币、信用和金融（第 7 章）
		英格兰开始种植根茎作物。			
				1612 年，东印度公司的公司章程更新。 1624 年，谢菲尔德的刀匠组成行会。 特许经营和垄断有限公司出现。 1631 年，巴尔的摩被海盗摧毁。	
	1634 年、1649 年，英格兰对沼泽地进行排水。			1634 年，英格兰政府颁布征收船税的文书。	1634 年 到 1639 年，英格兰政府征收船税。
		1649 年，英格兰采用改进后的方法开展沼泽地排水工作。		阿尔斯特生产亚麻布。	英吉利共和国建立。
	1651 年、1660 年，英格兰政府颁布《航海法案》。			1651 年、1660 年，英格兰政府颁布《航海法案》。 1662 年，居民行动被限制在较小范围内。	治安法官每月评估居民应缴纳的税收。 英格兰征收消费税。
				1665 年，英格兰政府规定爱尔兰的毛料规格。 查理二世与海盗谈判。 1665 年到 1697 年，英格兰西部的布料制造商迁移到爱尔兰。	1660 年，英格兰政府减免领地税收。
				1666 年，英格兰政府禁止爱尔兰出口家畜。 1670 年，基德明斯特的地毯编织工获得王室批准的特权。	1666 年，英格兰政府铸造金币几尼。 1670 年，英格兰财政收入减少。
	1685 年，法兰西难民迁移到英格兰。			1684 年，桑兹反对东印度公司的垄断。	
		1689 年，威廉三世颁布关于谷物出口奖励金的法令。		1689 年，议会通过《权利法案》。 威廉三世颁布关于谷物出口奖励金的法令。	
				1694 年，英格兰银行成立。	1694 年，英格兰银行成立。 1695 年，苏格兰银行成立。 1696 年，在艾萨克·牛顿的领导下，英格兰进行货币重铸
				1697 年，英格兰对爱尔兰的布料征收关税。 1698 年，英格兰兴建涡石灯塔。	

续 表

时间（年）	移民迁移到不列颠、自然条件（第1章，第2章）	庄园、农业（第3章，第8章）	城镇、劳动和资本（第4章，第9章）	国民经济生活（第5章，第6章）	货币、信用和金融（第7章）
			资本家虐待花边编织工。	1698年到1708年，伦敦商人组成的俄罗斯公司和东印度公司进行贸易竞争。 在印度和美洲，英格兰人与法兰西人展开战争。	
1700		农业实践获得改进，如实施轮作、种植牧草。		1703年，英格兰王国与葡萄牙王国签订《梅休因条约》。 1704年，英格兰人进口海军物资享受优惠。 1707年，英格兰王国与苏格兰王国签订《联合法案》。	
	1709年，英格兰接收来自普法尔茨的移民。	自1710年以后，庄园领主出于耕作目的进行圈地。		1709年，英格兰政府重新发布面包的法定标准。	
	1713年，《乌得勒支条约》及补充条约的签订。			1721年到1742年，罗伯特·沃波尔改革关税制度。	1720年，南海公司的计划失败。
				1723年，英格兰政府通过《普通济贫院法案》。	1721年到1742年，罗伯特·沃波尔改革关税制度。
				1728年、1756年，什罗普郡根据物价评估工资标准。	
			1733年，约翰·凯伊发明飞梭。	1732年，英格兰禁止美洲殖民地出口帽子。	
	1741年，英格兰政府通过《全面公路法案》。		1748年，李维斯·保罗发明羊毛梳理机器。	1741年，英格兰政府通过《全面公路法案》。	
	1760年，英格兰开通从沃斯利到曼彻斯特的运河。约翰·罗巴克发明高炉。	1759年，布里奇沃特公爵弗朗西斯·埃杰顿雇用詹姆斯·布林德利设计从沃斯利煤矿到纺织业中心曼彻斯特的运河。	1760年，在纺织行业，飞梭得到应用。		
		1773年，英格兰政府修订了《谷物法》。	1764年，詹姆斯·哈格里夫斯发明珍妮纺纱机。	1763年，英格兰征服法属加拿大。	
		1773年到1793年，英格兰停止谷物出口。	1768年，理查德·阿克赖特发明水力纺纱机。		
		1776年，《独立宣言》发表。	1779年，塞缪尔·克朗普顿发明走锭纺纱机。	1776年，《独立宣言》发表。	1776年，亚当·斯密发表《国富论》。
	英格兰工业开始使用水力和机器。		1785年，艾德蒙特·卡特赖特发明动力织布机。在纺织行业，马修·博尔顿和詹姆斯·瓦特发明的蒸汽机投入使用。	1780年，爱尔兰面临的商业障碍得到消除。	
				1782年，英格兰政府通过《1782年吉尔伯特法案》。	1783年到1806年，小威廉·皮特简化税收。

续表

时间（年）	移民迁移到不列颠、自然条件（第1章，第2章）	庄园、农业（第3章，第8章）	城镇、劳动和资本（第4章，第9章）	国民经济生活（第5章，第6章）	货币、信用和金融（第7章）
			1790年，艾德蒙特·卡特赖特发明羊毛精梳机。		
		1793年到1815年，英格兰处于工业大变革和拿破仑战争时期。 自耕农减少。	在工厂，拉纳克的凯利应用了以水为动力的纺纱机器。	1793年到1815年，英格兰处于工业大变革和拿破仑战争时期。	
		1795年，英格兰政府为劳动者发放补贴。 家庭纺纱业衰落。	1793年到1815年，英格兰处于工业大变革和拿破仑战争时期。	1795年，英格兰政府通过为劳动者发放津贴的决议。 议会提出最低工资标准。 1796年，英格兰通过立法使政府向劳动者发放津贴进一步合法化。	
			1799年、1800年，英格兰政府通过《结社法》。	1799年、1800年，英格兰政府通过《结社法》。	1797年，对个人应缴纳的税收金额，小威廉·皮特采取三级评估法。 英格兰银行暂停现金支付。
1800		物价波动。		1800年、1808年，英格兰议会修订最低工资标准。	
			1802年、1819年、1833年、1847年，英格兰政府通过《工厂法案》。 1803年，乔治·斯蒂芬森发明了一种机器用于牵引煤车。	1802年、1819年、1833年、1847年，英格兰政府通过《工厂法案》。 1809年，英格兰政府解除布匹贸易的限制。	
		1812年，由于劳动者反对使用机器，英格兰四处爆发运动。	1812年、1816年，卢德分子暴动。	1813年，英格兰开始与印度进行贸易。 英格兰政府废除1563年法令规定的工资标准。	
		1815年，英格兰政府颁布《谷物法》。	1816年，英格兰东部各郡因面包价格飞涨而暴发暴乱。	1814年，英格兰政府废除1563年的《工匠法令》。	
	1815年，英格兰政府任命约翰·劳登·麦克亚当为布里斯多郡的公路总管，负责碎石路面的设计。	1815年到1846年，英格兰农业处于萧条时期。		1815年，英格兰政府颁布《谷物法》。	1816年，英格兰政府禁止银币流通。
		1832年，英格兰进行议会改革，佃农因此获得投票权。	1825年，布拉德福德的羊毛梳理工罢工。	1818年，地中海的海盗活动得以平息。	1819年，英格兰银行恢复现金支付。
		1834年，提倡对沼泽地彻底排水。	1840年，动力织机取代手工劳动。	1824年，英格兰政府允许人们移民到其他国家或地区。 英格兰政府废除1800年通过的《结社法》。	1824年到1828年，威廉·赫斯基森修改税收规则。
			1841年，英格兰政府制订矿区雇用童工的规则。		1842年到1846年，罗伯特·皮尔进行财政改革。

续表

时间（年）	移民迁移到不列颠、自然条件（第1章，第2章）	庄园、农业（第3章，第8章）	城镇、劳动和资本（第4章，第9章）	国民经济生活（第5章，第6章）	货币、信用和金融（第7章）
		1846年，英格兰政府废除《谷物法》。 1846年到1874年，英格兰农业复兴。	1846年，曼彻斯特建市。 1849年，霍乱结束。 1856年，坎农盖特、玻兹布罗和布劳顿合并进爱丁堡。	1846年，英格兰政府废除《谷物法》。 1849年，英格兰政府废除《航海法案》。	1844年，英格兰政府颁布《银行特许状法案》。

参考书目

通常来说，由于不同作者表达的观点不同，甚至他们的观点有时相互矛盾，读者在阅读与英格兰工业这一主题有关的文献时可能会存在一些困惑。研究目标应该是，在不同作者观点显然相互矛盾的情况下，跟踪研究问题，以便能协调矛盾，或判断产生差异的原因。作为引导，我们对下面推荐的一些书籍做了部分补充说明。

正如前言中所述，那些希望更详细地研究英格兰工业主题的人，我建议他们参考威廉•坎宁安博士所著的《英国工商业的发展》中相应部分，如1905年第四版的《英国工商业的发展：早期及中世纪》，1907年第四版的《英国工商业的发展及其他：现代》。在《英国工商业的发展》中，读者可以找到比官方提供的参考资料目录更多的、准确的资料。

威廉•阿什利教授所著《经济史》（第1卷，1888年）覆盖了从诺曼征服到16世纪英国工业发展的全过程。他强调从欧洲大陆国家生活的类比中得出结论。

在历史著作《1259年到1793年英格兰的农业和物价》（7卷，1866—1902年）、《六个世纪的劳动和工资》（1886年）、《历史的经济学解释》（1891年）、《英格兰的工商业霸权》（1892年）中，索罗尔德•罗杰斯教授详细研究了13世纪到现在英格兰的农业、商业和工业。很大程度上，他把关注点集中在物价记录上，并且几乎没有利用从其他证据来源获得的帮助来解释物价的变化。在《工业化的英格兰》（1896年）中，亨利·德·贝尔特根斯·吉宾斯以简洁的形式总结了索罗尔德·罗杰斯教授的结论。

读者可以在亨利·达夫·特雷尔主编的《英格兰社会》、英格利斯·帕尔格雷夫主编的《政治经济学词典》和《剑桥现代史》中找到许多有用的参考资料。

第1章 移民迁移到不列颠

威廉·坎宁安：《英格兰社会的外来移民》，1898年。

第2章 自然条件

在1897年的《地理学报》上，乔治·G. 奇泽姆发表的关于英格兰城镇和村庄分布的文章。

第3章 庄 园

1894年，拉德克利夫学院出版的弗朗西斯·加德纳·达文波特的《关于英格兰庄园和耕作史的原始材料清单》。

弗朗西斯·艾丹·加斯奎特：《大瘟疫》，1893年。

亨利·德·沃尔特：《耕种》，1890年。

弗雷德里克·威廉·梅特兰：《末日审判书及其他》，1897年。

T. W. 佩奇：《英格兰农奴制的终结》，1900年。

弗雷德里克·波洛克、弗雷德里克·威廉·梅特兰：《英格兰法律史》，1898年。

弗雷德里克·西博姆：《英格兰乡村群体》，1883年。

乔治·麦考利·特里维廉：《威克利夫时代的英格兰》第6章，1899年。

保罗·维诺格拉多夫：《英格兰的农奴制》，1892年。

保罗·维诺格拉多夫：《庄园的发展》，1905年。

保罗·维诺格拉多夫：《11世纪的英格兰社会》，1908年。

第4章　城　镇

玛丽•贝特森：《自治城镇的习俗》，1904年以来的资料。

玛丽•贝特森：《自治城镇莱斯特的记录资料》，1899年以来的资料。

查尔斯•马修•克洛德：《泰勒商人行会的早期历史》，1888年。

爱德华•康德：《打孔工匠和泥瓦匠的友谊记录》，1894年。

爱丽丝•斯托普福德•格林：《15世纪的城镇生活》，1894年。

约翰•金登：《杂货商行会的档案》，1886年。

查尔斯•格罗斯：《行会商人》，1890年。

哈里斯•玛丽•多默：《古老的英格兰城镇生活》，1898年。

威廉•哈德森：《诺里奇民事法庭管辖权》，1892年。

托马斯•马多克斯：《自治城镇的固定收入权》，1726年。

弗雷德里克•威廉•梅特兰：《选取的庄园法庭和其他领主法庭上的供词》，1889年。

1882年到1889年，托马斯•福尔曼等记录的关于自治城镇诺丁汉的资料。

约书亚•图尔敏•史密斯：《英格兰行会》，1870年。

约翰•斯托：《对伦敦和威斯敏斯特的调查》，1720年由约翰•斯特莱普修订；1908年由查尔斯•莱斯布里奇•金斯福德修订。

乔治•昂文：《伦敦的行会和公司》，1908年。

第5章　国民经济生活的开端

查尔斯•格罗斯：《精选的商业习惯法相关的案例》，1908年。

霍尔•休伯特：《英格兰关税收入的历史》，1885年。

霍尔•休伯特：《财政部的趣事及古代史》，1891年。

托马斯•马多克斯：《财政部的历史及古代史》，1711年。

关于英格兰财税卷宗的出版物。

第6章　国民经济生活的各个方面

一、食品供应

理查德·科布登：《政论作品》，1878年。

亚当·斯密：《国家财富的性质和成因调查》，1887年。

查尔斯·史密斯：《关于谷物贸易和谷物法的三本小手册》，1766年。

威廉·坎宁安：《自由贸易运动的兴起与衰落》，1905年。

二、工业生活

保罗·费利克斯·阿施罗特、赫伯特·普雷斯顿-托马斯：《英格兰的济贫法制度》，1902年。

卢约·布伦塔诺：《论行会的历史、发展与工会的起源》，1870年。

弗雷德里克·莫顿·伊顿：《穷人的处境》，1797年。

E. M. 伦纳德：《英格兰贫困救济的早期历史》，1900年。

托马斯·麦凯：《英格兰济贫法的历史》，1899年。

乔治·尼科尔斯：《英格兰济贫法的历史》，1898年。

1834年，威廉四世组建的《济贫法》皇家调查委员会的调查员撰写的关于调查《济贫法》的实施和实际操作情况的报告。

乔治·昂文：《16、17世纪的工业组织》，1904年。

三、商业发展

休·爱德华·埃格顿：《英国殖民政策简史》，1905年。

威廉·赫文斯：《17世纪英格兰贸易和财政的主要情况》，1892年。

莱昂内·利瓦伊：《不列颠商业史》，1872年。

威廉·肖·琳赛：《航运和古代商业史》，1874年。

大卫·麦克弗森：《商业年鉴》，1805年。

1899年，根据瑟蒂斯学会出版的刊物整理的关于纽卡斯尔商业冒险家的记录。

莫德·塞勒斯:《伊斯特兰公司的法令和条例》,1906年。

四、经济政策

莱昂内·利瓦伊:《英国商业史》,1872年。

托马斯·芒:《海外贸易为英格兰带来的财富》,1664年。

亚当·斯密:《国家财富的性质和成因调查》,1887年。

爱德华·吉本·韦克菲尔德:《大英帝国的殖民艺术》,1849年。

第7章　货币、信用和金融

爱德温·坎南:《英格兰地方税收史》,1896年。

斯蒂芬·道尔:《英格兰税收史》,1884年。

威廉·斯坦利·杰文斯:《货币和商业交易机制》,1875年。

詹姆斯·埃德温·索罗尔德:《英格兰银行的前九年》,1887年。

威廉·阿瑟·肖:《货币史》,1896年。

第8章　农　业

约翰·菲茨赫伯特:《耕作》,1523年。

约翰·黑尔斯:《公共福利对话集》,1893年。

威廉·哈斯巴赫:《英格兰农业劳动者的历史》,1908年。

艾萨克·桑德斯·利达姆:《围绕圈地进行的末日调查:1517—1518》,1897年。

罗兰·埃德蒙·普罗瑟罗:《英格兰农业的开拓与发展》,1888年。

《农业特别委员会的报告》,1883年,第5卷。

阿诺德·约瑟夫·汤因比:《关于英格兰工业革命的讲座》,1884年。

托马斯·塔瑟:《良好耕作的五百个看法》,1812年。

阿瑟·扬:《六个月的英格兰北部之旅》,1770年。

阿瑟·扬:《英格兰斋戒时间的农场之旅》,1771年。

阿瑟·扬:《六个星期的英格兰南部各郡和威尔士之旅》,1772年。

阿瑟·扬:《爱尔兰之旅》,1780年。

《关于农业雇用妇女和儿童的报告》,1843年。

第9章 劳动和资本

弗里德里希·恩格斯:《英国工人阶级状况》,1844年。

B. L. 哈钦斯、艾米·哈里森:《工厂立法史》,1907年。

乔治·雅各布·霍利约克:《合作史》,1906年。

《来自手织机织工助理调查委员会的报告》,1840年。

工厂调查委员会:《关于工厂雇用儿童的调查委员会的报告》,1833年。

矿山调查委员会:《儿童雇用调查委员会的报告》,1842年。

阿诺德·约瑟夫·汤因比:《关于英格兰工业革命的讲座》,1884年。

格雷厄姆·沃拉斯:《弗朗西斯广场生活:1771—1854》,1898年。

西德尼·韦伯、比阿特丽丝·波特·韦伯:《工联主义的历史》,1902年。

西德尼·韦伯、比阿特丽丝·波特·韦伯:《产业民主》,1902年。

第10章 英格兰与国外商业往来增加的后果

亨利·德·贝尔特根斯·吉宾斯:《19世纪经济和工业的进步》,1903年。

莱昂内·利瓦伊:《不列颠商业史》,1872年。

参考书目

威廉·坎宁安:《英国工商业的发展及其他:现代》,1907年,第942页到第998页。

《剑桥现代史》中,经济史相关部分的参考书目。

英格利斯·帕尔格雷夫主编的《政治经济学词典》为本书所有章节的参考书目。

译名对照表

Aberdeenshire	阿伯丁郡
Acre	阿克里
Act of Union	《联合法案》
Aegean Sea	爱琴海
Alfred the Great	阿尔弗雷德大帝
Algeria	阿尔及利亚
Algiers	阿尔及尔
America	美洲
Angles	盎格鲁人
Anjou	安茹
Anthony Ashley-Cooper	安东尼・阿什利 – 库珀
Anthony Fitzherbert	安东尼・菲茨赫伯特
Arabia	阿拉伯
Arthur Young	阿瑟・扬
Assize of Arms	《兵器诏令》
Ayr Bank	埃尔银行
Baltic Sea	波罗的海
Baltimore	巴尔的摩

Bank Charter Act	《银行特许状法案》
Bank of England	英格兰银行
Bank of Scotland	苏格兰银行
Battle of Hastings	黑斯廷斯战役
Battle of Waterloo	滑铁卢战役
Beatrice Webb	比阿特丽斯·韦伯
Bedford	贝德福德
Benedictines	本笃会
Benjamin Gott	本杰明·戈特
Bergen	卑尔根
Berkshire	伯克郡
Bocking	博金
Bombay	孟买
Bordeaux	波尔多
Borneo	婆罗洲
Brabant	布拉班特
Bradford	布拉德福德
Braintree	布伦特里
Bridport	布里德波特
Bright	布赖特
Bristol	布里斯托尔
Briton	不列颠人
Broughton	布劳顿
Bruges	布鲁日
Buckinghamshire	白金汉郡
Bullion Committee	金块委员会
Burgundian	勃艮第
Bury	贝里

Calais	加来
Cambridge	剑桥
Cambridge Modern History	《剑桥现代史》
Cambridge University	剑桥大学
Canongate	坎农盖特
Canterbury	坎特伯雷
Cape of Good Hope	好望角
Carlisle	卡莱尔
Carthage	迦太基
Carthaginian	迦太基人
Charlemagne	查理曼
Charles Gross	查尔斯·格罗斯
Charles I	查理一世
Charles II	查理二世
Charles Smith	查尔斯·史密斯
Charles V	查理五世
Chase	蔡斯
Chester	切斯特
Chesterfield	切斯特菲尔德
Chief Secretary of State	首席国务大臣
Christopher Columbus	克里斯托弗·哥伦布
Cistercians	熙笃会
Cnut the Great	克努特大帝
Cobden	科布登
Colchester	科尔切斯特
Columban Monasteries	高隆庞修道院
Combination Act	《结社法案》
Commonwealth of England	英格兰共和国

Constantinople	君士坦丁堡
Corn Law	《谷物法》
Cornelius Vermuyden	科尼利厄斯·韦尔穆登
Cornwall	康沃尔
Coventry	考文垂
Crete	克里特
Crimea	克里米亚
Crusades	十字军东征
Danegeld	丹麦金
Danes	丹麦人
Daniel Defoe	丹尼尔·笛福
David Ricardo	大卫·李嘉图
Declaration of Independence	《独立宣言》
Deptford	德特福德
Derbyshire	德比
Devonshire	德文郡
Domesday Book	《末日审判书》
Dominican	多明我会
Doncaster	唐克斯特
Dublin	都柏林
Duck of Bridgewater	布里奇沃特公爵
Duke of Alva	阿尔瓦公爵
Duke of Ormond	奥蒙德公爵
Durham	达勒姆
Dutch Bay	荷兰湾
Earl of Guilford	吉尔福德伯爵
Earl of Leicester	莱斯特伯爵
East India Company	东印度公司

Economic History	《经济史》
Edict of Nantes	《南特敕令》
Edinburgh	爱丁堡
Edmund Cartwright	艾德蒙特・卡特赖特
Edward Gibbon Wakefield	爱德华・吉本・韦克菲尔德
Edward I	爱德华一世
Edward III	爱德华三世
Edward IV	爱德华四世
Edward Taylor	爱德华・泰勒
Edward the Confessor	忏悔者爱德华
Edward the Elder	长者爱德华
Edward VI	爱德华六世
Elizabeth I	伊丽莎白一世
English Channel	英吉利海峡
Essex	埃塞克斯
Ethelfled	埃塞尔弗莱德
Ethelred II	埃塞尔雷德二世
Exeter	埃克塞特
Factory Act	《工厂法案》
Factory and Workshop Acts	《工厂与车间法案》
Farthing	法新
Ferdinand I	斐迪南一世
Fernando Alvarez de Toledo	费尔南多・阿尔瓦雷斯・德・托莱多
Fleming	佛兰芒人
Forest of Dean	迪恩森林
Francis Bacon	弗朗西斯・培根
Francis Edgerton	弗朗西斯・埃杰顿
Frederick North	弗里德里希・诺斯

Freemasonry	共济会
Gabriel Plattes	加布里埃尔·普拉特斯
Gascony	加斯科涅
General Highway Act	《全面公路法案》
General Workhouse Act	《普通济贫院法案》
Genoese	热那亚人
George III	乔治三世
George Stephenson	乔治·斯蒂芬森
George Whitefield	乔治·怀特菲尔德
Georgia	佐治亚州
Gervase Markham	杰维斯·马卡姆
Gilbert's Act of 1782	《1782 年吉尔伯特法案》
Glastonbury	格拉斯顿伯里
Gloucestershire	格洛斯特郡
Good Parliament	良好议会
Graham Wallas	格雷厄姆·沃拉斯
Granborough	格兰伯勒镇
Greenland	格陵兰岛
Gulf of Darién	达连湾
Hadrian's wall	哈德良长城
Halifax	哈利法克斯
Hansards	汉萨德人
Henry de Beltgens Gibbins	亨利·德·贝尔特根斯·吉宾斯
Henry de Walter	亨利·德·沃尔特
Henry Duff Traill	亨利·达夫·特雷尔
Henry I	亨利一世
Henry II	亨利二世
Henry III	亨利三世

Henry IV	亨利四世
Henry V	亨利五世
Henry VI	亨利六世
Henry VII	亨利七世
Henry VIII	亨利八世
Hereford	赫里福德
High Sheriff	郡督
Highlander	高地人
History of Trade Unionism	《工联主义的历史》
Holkham	霍尔克姆
House of Anjou	安茹王朝
House of Lancaster	兰开斯特王朝
House of Stuart	斯图亚特王朝
House of York	约克王朝
Huguenots	胡格诺派教徒
Hull	赫尔
Hundred Years War	百年战争
Husbandry	《耕种》
Husting Court	裁判所
Iceland	冰岛
Industrial England	《工业化的英格兰》
Inglis Palgrave	英格利斯・帕尔格雷夫
Intercursus Magnus	《马格纳斯协定》
Ipswich	伊普斯威奇
Isaac Newton	在艾萨克・牛顿
Isle of Ely	伊利岛
Isles of Scilly	锡利群岛
James Brindley	詹姆斯・布林德利

James Butler	詹姆斯・巴特勒
James Hargreaves	詹姆斯・哈格里夫斯
James I	詹姆斯一世
James II	詹姆斯二世
James Steuart	詹姆斯・斯图尔特
James Watt	詹姆斯・瓦特
John Hales	约翰・黑尔斯
John Kay	约翰・凯伊
John Loudon Macadam	约翰・劳登・麦克亚当
John Roebuck	约翰・罗巴克
John Ross	约翰・罗斯
John Taverner	约翰・塔弗纳
John Winchcombe	约翰・温奇科姆
Kensington	肯辛顿
Kent	肯特
Kidderminster	基德明斯特
Lanark	拉纳克
Lancashire	兰开夏郡
Law of Parochial Settlements	《教区定居法》
Leeds	利兹
Leicester	莱斯特
Lewis Paul	李维斯・保罗
Lewisham	刘易舍姆
Lincoln	林肯
Lincolnshire	林肯郡
Littleport	利特尔波特
Livery Companies	同业行会
London and North Western Railway	伦敦和西北铁路公司

Long Parliament	长期议会
Lord of Burleigh	伯利勋爵
Louis XIV	路易十四
Low Countries	低地国家
Lucca	卢卡
Luddite	卢德分子
Macclesfield	麦克尔斯菲尔德
Magna Carta	《大宪章》
Malmesbury	马姆斯伯里
Manchester	曼彻斯特
Manchester	曼彻斯特
Marseilles	马赛
Mary I	玛丽一世
Matilda of Flanders	佛兰德斯的玛蒂尔达
Matlock	马特洛克
Matthew Boulton	马修・博尔顿
McKinley Tariff	麦金莱关税
Mercantile System	重商主义
Merica	麦西亚王国
Methuen Treaty	《梅休因条约》
Michaelmas	米迦勒节
Morocco	摩洛哥
Moscow Company	莫斯科公司
Napoleone Buonaparte	拿破仑・波拿巴
Navigation Acts	《航海法案》
Newbury	纽伯里
Newcastle	纽卡斯尔
Newfoundland	纽芬兰

Nicholas Barbon	尼古拉·巴尔本
Nicholas Oresme	尼古拉·奥雷姆
Norfolk	诺福克
Norman	诺曼人
Norman Conquest	诺曼征服
Northampton	北安普敦
Northumberland	诺森伯兰
Northumbria	诺森布里亚
Norwich	诺里奇
Offa	奥法
Oldham	奥尔德姆
Oliver Cromwell	奥利弗·克伦威尔
Palatinate	普法尔茨
Perth	珀斯
Philip I	腓力一世
Philip II	腓力二世
Philippe VI	腓力六世
Phoenician	腓尼基人
Pipe Rolls	《财政收支卷档》
Pisa	比萨
Plantagenet	金雀花王朝
Poor Law	《济贫法》
Portsborow	泼兹布罗
Preston	普雷斯顿
Protestant	新教徒
Quarter	夸特
Ralph Robinson	拉尔夫·罗宾逊
Reading	雷丁

Reformation	宗教改革
Rhodes	罗兹岛
Richard Arkwright	理查德·阿克赖特
Richard I	理查一世
Richard II	理查二世
Richard Pococke	理查德·波科克
Richard Weston	理查德·韦斯顿
River Thames	泰晤士河
Robert Bakewell	罗伯特·贝克韦尔
Robert de Beaumont	罗伯特·德·博蒙特
Robert Grosseteste	罗伯特·格罗斯泰特
Robert Peel	罗伯特·皮尔
Robert Walpole	罗伯特·沃波尔
Roman	罗马人
Roman Empire	罗马帝国
Rose Nobles of gold	玫瑰贵族金币
Rouen	鲁昂
Rovers of the Sea	海上巡游者
Rowland Edmund Prothero	罗兰·埃蒙德·普罗瑟罗
Samuel Crompto	塞缪尔·克朗普顿
Sandys	桑兹
Saxons	撒克逊人
Sheffield	谢菲尔德
Shrewsbury	什鲁斯伯里
Shropshire	什罗普郡
Sidney Webb	西德尼·韦伯
Sir Robert Peel	罗伯特·皮尔爵士
Six Centuries of Work and Wages	《六个世纪的劳动和工资》

Smyrna	士麦那
Social England	《英格兰社会》
Solon	梭伦
South Sea Company	南海公司
South Yorkshire	南约克郡
Southwark	南华克
Spanish Armada	西班牙无敌舰队
Spinning Jenny	珍妮纺纱机
Spitalfields	斯皮塔菲尔德
St.Aidan	圣艾丹
St.Alban	圣奥尔本
St.Augustine of Canterbury	坎特伯雷的奥古斯丁
St.Ives	圣艾夫斯
St.Olaf	圣奥拉夫
St.Peter ad Vincula	圣伯多禄宗徒
St.Zeno	圣芝诺
Stamford	斯坦福德
Statute of Acton Burnel	《阿克顿·伯内尔法令》
Statute of Artificers	《工匠法令》
Statute of Labourers	《劳工法令》
Statute of Merton	《默顿法令》
Statute of Winchester	《温切斯特法令》
Stirling	斯特灵
Stourbridge	斯陶尔布里奇
Tamworth	塔姆沃思
Teutonic	日耳曼人
The Dictionary of Political Economy	《政治经济学词典》
The Discourse of the Common Weal	《公共福利对话集》

The Statute of Acton Burnell	《阿克顿·伯内尔法案》
The Wealth of Nations	《国富论》
Thomas Cromwell	托马斯·克伦威尔
Thomas Telford	托马斯·特尔福德
Thomas Tusser	托马斯·塔瑟
Thomas Wentworth	托马斯·温特沃思
Thomas Wolsey	托马斯·沃尔西
Thorold Rogers	索罗尔德·罗杰斯
Trade Commission	贸易委员会
Treaties of Utrecht	《乌得勒支条约》
Treaty of Brétigny	《布勒丁尼条约》
Trinity House	领港公会
Turkey Company	土耳其公司
Tweed	特威德
Tyre	提利尔
Venice	威尼斯
Verona	维罗纳
Victual Brothers	掠食者同盟
Virgate	威尔格
Virginia	弗吉尼亚
Wales	威尔士
Walloons	瓦隆人
Walter de Henley	沃尔特·德·亨利
Wars of Scottish Independence	苏格兰独立战争
Wars of the Roses	玫瑰战争
Warwickshire	沃里克郡
Welsh	威尔士人
White Sea	白海

Whitsuntide	圣神降临周
William Ashley	威廉・阿什利
William Cecil	威廉・塞西尔
William Huskisson	威廉・赫斯基森
William I	威廉一世
William II Canynges	威廉二世・坎内吉斯
William III	威廉三世
William Lee	威廉・李
William Pitt the Younger	小威廉・皮特
William Stump	威廉・斯顿普
Wisby	维斯比
Woburn	沃本
Worcester	伍斯特
Worsley	沃斯利
Yardland	雅兰
Yarmouth	雅茅斯